ひと人をあるく

蘇我氏と飛鳥

遠山美都男

吉川弘文館

『蘇我氏と飛鳥』◆目次

石舞台古墳

豊浦寺跡（広厳寺）

甘樫丘東麓を北方より望む

飛鳥川周辺

入鹿首塚

飛鳥寺

宗我坐宗我都比古神社

飛鳥板蓋宮跡

南淵請安の墓

曽我川のほとり

飛鳥の開発と蘇我氏—プロローグ

再現—入鹿最期の日

蘇我入鹿の最期の日を『日本書紀』巻第二十四（皇極天皇紀）やそれをもとに書かれた『家伝《かでん》』*上（鎌足伝）の記述によって再現してみよう。

皇極四年六月十二日（六四五年七月十日）。

その日の朝早く、入鹿は甘樫丘《あまかしのおか》にある「谷《はさま》の宮門《みかど》」と呼ばれる自邸を出て、皇極天皇（女帝）の皇居、飛鳥板蓋宮《いたぶきのみや》に向かった。当然、大勢の供廻りをしたがえていたであろう。当日、板蓋宮では朝鮮三国*による朝貢の儀式が行なわれる予定になっていた。

入鹿は板蓋宮の南門から入ると、その近くにあった建物で儀式に参列するための衣服に着替えをした。だが、ここで異変があった。入鹿の履《くつ》がどうしてもその脚に入らないのだ。女帝はすでに大極殿《だいごくでん》の高御座《たかみくら》に出御《しゅつぎょ》し、次期天皇と目されていた古人大兄皇子《ふるひとのおおえのみこ》もその傍らに座しており、儀式は入鹿の登場を待つばかりとなっていた。苛立った入鹿は儀式に参列するのをやめ、自邸に帰ろうとした*。だが、舎人《とねり》に急《せ》かされ、やむなく彼は朝鮮三国の使者や群臣らが立ち並ぶ広場に入った。広場の奥には大極殿の大きな屋根が見える。

＊『家伝』　『藤氏家伝』ともいう。藤原仲麻呂（恵美《えみの》押勝《おしかつ》）が父祖顕彰のために編んだ伝記。上巻は藤原鎌足、下巻は藤原武智麻呂《むちまろ》の伝を記す。

＊朝鮮三国　高句麗・百済・新羅。

＊自邸に帰ろうとした　『家伝』上に「入鹿、起立《た》ちて履を著《は》かむとするに、履三たび廻《かへ》りて著かず。入鹿心に忌む。還らむとして彷徨《たたず》む」と見える。

入鹿の最期（『多武峯縁起』談山神社蔵）

入鹿の座席は大極殿に最も近い位置にあった。すぐ傍らには朝鮮三国の上表を読み上げる役目である一族の蘇我倉山田石川《くらのやまだのいしかわの》麻呂《まろ》がすでに待機している。心なしかその顔色が悪いように見える。

入鹿が着座すると、儀式が始まった。いつもならば麻呂が上表を朗々と読み上げるのだが、この日は違った。時々その声が途切れたり、また、ぶざまに裏返ったりした。見れば、顔中から汗が噴き出すようであり、手も小刻みに震えている。入鹿は思わず、「交替したほうがよいのではないか」と尋ねた。すると、麻呂は「いえ。陛下の御前ゆえの緊張です。ご懸念にはおよびません」と答えるのが精一杯であった。

その時であった。大極殿の傍らから数名の者たちが雄叫《おたけ》びを上げながら殺到したかと思うと、そのうちの一人が剣を振りあげ、入鹿の頭から肩にかけて斬りつけたのである。入鹿に斬りかかったのは女帝の子で中大兄《なかのおおえ》と通称されている皇子であった。入鹿は鮮血を噴きあげながらも立ちあがった。すると、中大兄の仲間が入鹿の片脚を薙ぎ払ったので、彼はたまらず倒れ込んだ。それでも入鹿は渾身の力をふりしぼって女帝の御座に向かい這《は》い寄っていった。

入鹿「陛下！　皇位をお継ぎになるのは天孫《あめみま》*と決まっていること、それがしもよく存じております。それなのにこのような目に遭うとは思いもよりませぬ。どうか、どうか。ご詮議のほどを！」

皇極「これは、いかなること！　皇子よ、説明なさい」

中大兄「陛下、よくお聞きください。鞍作《くらつくり》（入鹿の別名）はこともあろうに、わが天皇家に取って代わろうと企んでおりました。これは断じてあってはならぬこと*でございます！」

中大兄の言が終わらないうちに女帝は高御座より降りて大極殿の奥に退いてしまった。それを合図とするように、また別の刺客の手によって入鹿は止めを刺された。

---

* **天孫**　天神《あまつかみ》と呼ばれた天照大神《あまてらすおおみかみ》の子孫、すなわち歴代の天皇とその一族を指す。

* **断じてあってはならぬこと**　この箇所、『日本書紀』では「豈《あに》天孫を以て鞍作に代へむや」とあるが、これは「豈鞍作を以て天孫に代へむや」の誤まり。

おりから降り出した雨が動かなくなった入鹿のからだを容赦なくたたいた。

その後、入鹿の亡骸は甘樫丘にあった蝦夷のもとに運び込まれた。当初は東漢《やまとのあや》氏など渡来系の人びとが報復を叫び、蝦夷のもとに駆け付けたが、甘樫丘に対峙する位置を占める飛鳥寺を奪われ、蝦夷に勝ち目がないとわかると、彼らは散り散りになった。一夜が明けて蝦夷も誅殺され、蘇我氏四代の栄光の歴史にあっけなく幕が下ろされたのである。

飛鳥とは?—その範囲

以上の入鹿暗殺の記述には不審なことが多過ぎる。まず、七世紀半ば段階の飛鳥板蓋宮の内部にまだ大極殿は存在しなかった。

大極殿は中国においては太極宮と呼ばれ、地上世界を統治する天子（皇帝）が宇宙を支配する天（天帝）から指令を受ける特別な空間とされていた。また、大極殿とは朝堂院《ちょうどういん》*の正殿であり、この時期、朝堂院は存在したが、それは後世と較べれば小規模なものにすぎなかった。さらに入鹿が着替えをし、苛立ちのあまり帰宅しようとしたという朝集殿《ちょうしゅうでん》*もこの段階で成立していたとは考えられない。

このように、入鹿暗殺の場面は明らかに後世の宮殿の内部構造を前提にして書かれている。そもそも、その舞台設定がおかしいといわねばならない。したがって、そこに入鹿暗殺の史実が正確に伝えられているとは考えがたい。書き手の利害関係や思惑によって史実が曲げられていたり、極端な誇張が加えられたりしていることは間違いないであろう。

＊ **朝堂院**　宮城中枢の殿堂。さまざまな儀式や朝政などが行なわれた。

＊ **朝集殿**　朝堂院の南にあって朝政に先立ち官人らが服装を整え待機する殿舎。

飛鳥京跡（伝飛鳥板蓋宮跡）

その意味で入鹿の台詞もおかしいのである。彼は、自分がなぜこのような仕打ちを受けるかわからないといっておきながら、その直前に皇位簒奪《さんだつ》の大罪を連想させる言辞を口にしている。穿《うが》った見方をすれば、入鹿は中大兄がつぎに何というかをあらかじめ知っていたとしか思われない。それにしても、頭と肩に深刻なダメージを受けているのにしゃべり過ぎの観は否めないであろう。

さて、事件の舞台となった飛鳥板蓋宮はいわゆる飛鳥の中心部に営まれた王宮であるが、飛鳥の範囲内に大型の建物である大極殿や広大な朝堂院、さらには朝集殿などを擁した一大宮殿が造営できたとは考えられない。飛鳥と呼ばれる地域は狭いのである。

飛鳥とは飛鳥川東岸のごく限られた一帯を指す地名であった。「あすか」の「あ」は接頭辞、「すか」は「洲処」のことであり、飛鳥川のながれが運んだ土砂が堆積して形成された土地が飛鳥と呼ばれたわけである。「飛ぶ鳥のあすか」という有名なフレーズも、水鳥が頻りに飛来する「洲処」という水辺の景観をふまえた修辞と見なすのが妥当であろう。

このような狭義の飛鳥の範囲は具体的にはつぎのように考えることができる。

東…飛鳥岡（岡寺山）

西…飛鳥川

南…橘寺《たちばなでら》*の北限

北…阿倍山田道（磐余道《いわれみち》）の延長道路

これによれば、飛鳥とは東西わずか〇・八キロメートル、南北も一・六キロメートルという極めて狭小な範囲を指したことになる。ただ、この時代に王権支配の拠点として置かれたと見られる諸施設の遺跡分布から考えれば、広義の飛鳥はさらにその周辺一帯に拡がっていたと見なしてよい。すなわち、東は桜井市の山田寺や阿倍寺あたりまで、西は畝傍《うねび》山付近まで、南は高松塚古墳やキトラ古墳などのある檜《ひの》前《くま》・真弓周辺まで、北は耳成山付近まで、ということになる。

---

* 橘寺　橘尼寺とも。聖徳太子建立七寺の一つ。太子誕生の地に建つとされる。法号は菩提寺という。

いずれにしても、このようにごく限られた地域に後に倭京《やまとのみやこ》とよばれる都市的空間が創り出されることになるのだが、それは蘇我氏四代の存在とその貢献が大きかったといわねばならない。本書のタイトルにあるように、たしかに「蘇我氏と飛鳥」は切っても切り離せない関係にあった。

飛鳥と蘇我氏と渡来人と

蘇我氏と飛鳥が切り離せないことはそのとおりだとしても、蘇我氏は初めから飛鳥にいたわけではあるまい。後述するように、蘇我氏はあくまで大倭《やまと》国高市《たけち》郡の曾我が本拠地であって、そこは狭義の飛鳥から見て北西にあたる。蘇我氏は何らかの契機があって飛鳥に入って来て、そして、この地に都市的空間を形成することになったと見なすべきであろう。蘇我氏は自身のテリトリーであった飛鳥の地に天皇家を強引に誘い込んだわけではなかった。そもそも、飛鳥に創出された都はいったい誰の利益のために造営されたと考えるべきなのであろうか。

飛鳥川周辺

他方、主として朝鮮半島系の渡来人が飛鳥の地には多く住み着いており、飛鳥を基盤とした蘇我氏は早くから彼らとの結合を深めていたといわれることも多い。蘇我氏が他氏族に較べて開明的で革新的な体質をもっていたのもそのためだと説明される傾向にある。

たしかに、阿知使主《あちのおみ》・都加使主《つかのおみ》*を始祖とした東漢氏や司馬達等《しばたっと》*に始まる鞍作《くらつくり》氏など、飛鳥とその周辺には渡来人集団が数多く住んでいた。宝亀三年（七七二）四月、東漢氏に連なる坂上苅田麻呂《さかのうえのかりたまろ》（田村麻呂の父）の奏言によれば、これには多少の誇張はあろうが、高市郡の人口のおよそ八、九割が東漢氏やその属民で占められていたという。また、狭義の飛鳥の中心というべき飛鳥寺が建立された場所はもともと真神原《まかみはら》とよばれ、やはり東漢氏の指揮下にあった飛鳥衣縫部《きぬぬいべ》という技術者集団に関わる氏族が居をかまえていた。

しかし、これら渡来人やその集団が飛鳥の地において蘇我氏と早くから結びついていたとは考えられない。蘇我氏と渡来人が分かちがたく結合するようになるのは、まったく別の契機や回路を考えねばならないであろう。

結論を先取りすれば、蘇我氏は天皇家とともに、天皇家のために飛鳥を切り拓き、そこにこれまでなかった都市的空間の基礎を築き上げたというべきではないだろうか。それを具体的に見ていくのが本書のねらいであるが、まずは蘇我氏の成り立ちと蘇我氏四代の変遷をたどることにしたい。

＊ **阿知使主・都加使主**　応神天皇の時代に党類十七県の人々を率い朝鮮から渡来。東漢氏の祖となる。

＊ **司馬達等**　六世紀に中国より渡来と伝える。鞍作氏の祖となる。飛鳥大仏を作った鞍作鳥はその孫。

Ⅰ

蘇我氏の履歴書

蘇我氏の略歴

宣化元年（536）	稲目、大臣となる
欽明13年（552）	百済より贈られた仏像・経典を下賜される
敏達元年（572）	馬子、大臣となる
用明２年（587）	物部守屋を滅ぼす（丁未の役）
崇峻５年（592）	崇峻天皇を暗殺。推古天皇を推戴
推古34年（626）	馬子薨。桃原墓に葬る。蝦夷、大臣となる
推古36年（628）	推古崩御。舒明天皇擁立
皇極２年（643）	入鹿、山背大兄王一族を滅ぼす
皇極４年（645）	入鹿、飛鳥板蓋宮で殺される。蝦夷も翌日討たれ蘇我氏本家滅ぶ（乙巳の変）

一　稲目以前―つくられた祖先系譜

蘇我の地に生まれて

蘇我氏のソガという名称（これをウジナという）は、ずばりこの一族の本拠地を示している。それは古代における大倭《やまと》国高市《たけち》郡の曾我、現在の奈良県橿原市《かしはらし》曽我町であり、畝傍《うねび》山の西北麓に位置している。ここが蘇我氏発祥の地というべき場所であった。ソガはもともとスゲ・スガであって、この地を流れる曽我川のほとりにこの花が生い茂っていたのが名前の由来となったようである。

蘇我氏のように臣《おみ》のカバネをもつ豪族は、地名をウジナとすることが一般的であった。これは、その一族の始祖にあたる人物以来、代々その場所を拠点にして歴代の天皇（この時代は治天下の王*と呼ばれていた）に仕えてきたというわけである。それに対して物部《もののべ》氏*や大伴《おおとも》氏*のように連《むらじ》のカバネを称する豪族のウジナは一族の朝廷内での世襲の職務に由来するものが大部分であった。これら豪族の場合は、ウジナによって示された職掌をもって代々の天皇に奉仕してきたと見なされていた。

通常、臣・連と並び称されるので、両者はあたかも同格のように見なされることが多い。だが、実は臣のほうが連より上位にあったのである。天皇のもとに結集した豪族のうち、最上位にあるのが臣のカバネを名乗る豪族であり、それに次ぐのが

＊ **治天下の王**　治天下は「あめのしたをしろしめす」とよむ。この称号は五世紀の後半頃から使われ始めたと考えられる。

＊ **物部氏**　神武天皇に従った饒速日命《にぎはやひのみこと》を祖とする。軍事・神事をつかさどる。尾輿―守屋父子は大連となった。

＊ **大伴氏**　天孫降臨の際に先導した天忍日命《あめのおしひのみこと》を祖とする。主として軍事を管掌。室屋《むろや》は雄略朝で大連となった。孫の金村が継体天皇を迎えて繁栄したが、任那《みまな》四県を百済に割譲したため失脚、力を失った。

連のカバネの豪族とされていた。公・君などのカバネはこれらとは別格の存在といってよい。

さて、豪族たちは天皇の朝廷にあってバラバラに存在したのではなかった。彼らは個々の権益や財産を守るために、本拠地が近い、あるいは朝廷での職掌が同一・類似しているとの理由によって結合し、それぞれ連合体を形成した。そして、この連合体の結束を維持・強化するために、連合体を構成した豪族たちは、過去の特定の天皇に仕えた傑出した人物を始祖とする巨大な同族であったとする擬制的な系譜を編み上げたのである。蘇我氏の祖先系譜もその例外ではなかった。

武内宿禰とは何者か

蘇我氏の祖先系譜の頂点にあるのは有名な武内宿禰《たけしうちのすくね》（『日本書紀』の表記による。『古事記』では建内宿禰）である。彼は孝元《こうげん》天皇（第八代）の孫、あるいは曾孫とされており、景行《けいこう》天皇・成務《せいむ》天皇・仲哀《ちゅうあい》天皇・応神《おうじん》天皇・仁《にん》徳《とく》天皇の五代に仕えたといわれている。したがって、極めて長寿の人物だったことになる。だが、武内宿禰が仕えたという天皇はいずれも実在性が乏しいので、彼自身も実在の人物であった可能性は極めて少ないといえよう。

この武内宿禰には七男があったと伝えられる。それが、波多八代《はたのやしろ》宿禰（波多氏・林氏・波美《はみ》氏・星川氏らの祖）、許勢小柄《こせのおがら》宿禰（巨勢《こせ》氏・雀部《さざきべ》氏・軽部《かるべ》氏らの祖）、蘇我石河宿禰（蘇我氏・川辺《かわのへ》氏・田中氏・高向《たかむく》氏・小治田《おはりた》氏・桜井氏・岸田氏らの祖）、平群都久《へぐりのつく》（木《つ》兎《く》）宿禰（平群氏・佐和良《さわら》氏らの祖）、木《きの》（紀）角《つぬ》宿禰（紀氏・都奴《つぬ》氏・坂本氏らの祖）、葛《かづら》城長江曾都毘古《きのながえのそつびこ》（襲津彦）（玉手氏・的《いくわ》氏・生江《いくえ》氏・安芸那《あきな》氏らの祖）、若子《わくご》宿禰（江沼財《えぬのたから》氏の祖）である。かつて葛城襲津彦の後裔氏族の筆頭に位置づけられていたのが葛城氏であるが、それがここに見えないのは、後述するように『古事記』『日本書紀』がまとめられる段階では、葛城氏の本家・本流が往時の勢いを失っていたためと考えられる。

　ここに見える宿禰とは、もともと豪族の祖先系譜のなかで特定の先祖に付す称号であり、系譜上の記号というべきものであった。それが七世紀後半になって、天武天皇により朝廷第三位のカバネ*（豪族のランクをあらわす政治的称号）とされた。したがって、系譜に登場する何々宿禰とはあくまで系譜上でつくり出された存在と考えねばならない。たとえば、最初の波多八代宿禰は、波多氏や林氏・波美氏らによって彼らの共通の祖として創出された人物であり、以下も同様と見なすべきである。

　そして、上記の諸氏族すべてがさらに上位の共通の祖としてつくり上げたのが武内宿禰にほかならない。要するに武内宿禰とは、波多氏、巨勢氏、蘇我氏、平群氏、紀氏といった、主として大倭《やまと》国に基盤をおく、朝廷の重臣クラスの最有力豪族たちが形成した連合体の結集核として考え出された系譜上の人物だったわけである。

　武内宿禰の武内とはいかなる意味だったのであろうか。武とは建とも書かれ、「猛々《たけだけ》しい」「勇猛な」の意味であろう。『古事記』下つ巻に見える歌謡のなかで、建内宿禰は「たまきはる　うちのあそ（朝臣）」と呼ばれ、「汝《なれ》こそは　世の長人《ながひと》

---

* **朝廷第三位のカバネ**　いわゆる八色《やくさ》の姓《かばね》の三位である。八色の姓は真人《まひと》・朝臣《あそん》・宿禰・忌寸《いみき》・道師《みちのし》・臣・連・稲置《いなぎ》の順。実際には上位四姓のみが授与された。

（あなたこそ、世にも稀な長寿の御方）」と讃えられている。「たまきはる」とは「うち」に懸かる枕詞であり、「原石の内側から掘り出した宝玉」という意味である。

この「うち」が地名であり、それが大倭国宇智郡（奈良県五條市）を指したとすれば、武内宿禰とは「勇猛なる宇智地域の首長」ということになろう。しかし、武内宿禰を始祖とする豪族たちと宇智地方との直接的な繋がりは見いだしがたい。他方、天皇の御前または内廷を指して「うち」といったことに着目すれば、武内宿禰は「勇猛にして天皇の御前に侍る御方」の意味となる。武内宿禰の後裔を称する豪族は一様に最有力豪族であり、天皇を取り巻く重臣というべき存在であった。その点から考えれば、後者の解釈が妥当といえるであろう。

以上のように、武内宿禰は複数の有力豪族の共通の始祖として考え出された存在であって、その系譜的な位置は、稲荷山《いなりやま》古墳（埼玉県行田市）出土の五世紀後半（四七一年）につくられた鉄剣銘文系譜に見えるオホヒコ（意富比垝）に相当しよう。オホヒコは系譜の頂点に位置し、その後にタカリノスクネ（多加利足尼）―テヨカリワ

稲荷山古墳出土鉄剣
（埼玉県立さきたま史跡の博物館保管）

ケ（弖已加利獲居）―タカハシワケ（多加披次獲居）―タサキワケ（多沙鬼獲居）―ハテヒ（半弖比）―カサハ（加差披）*―ヲワケ臣（乎獲居臣）*と続く。銘文系譜をつくったのは、当時のワカタケル（獲加多支鹵）大王（雄略天皇と見られる）に杖刀人の首（大王に近侍して護衛にあたる武人の長）として仕えたというヲワケ臣である。

蘇我石河宿禰の正体

武内宿禰の子であり、蘇我氏の直接の祖とされる蘇我石河宿禰とは、蘇我氏のなかでも石河という場所にゆかりのあった人物という意味でつくり出された存在である。宿禰を称していることからして、やはり実在の人物ではなく、あくまでも豪族の祖先系譜上の人物と見なすべきであろう。

それは、稲荷山鉄剣銘文の系譜では始祖に次ぐタカリスクネに相当する位置にあった先祖ということになる。タカリスクネのうちのカリとはおそらく天皇のもよおした狩猟のことであり、この一族は天皇の狩りに供奉《ぐぶ》して何らかの奉仕を行なうのが職掌だったと考えられる。それが先祖名に盛り込まれているわけである。それと同様に蘇我石河宿禰のうちの石河（石川）とは、王権との関わりにおいてこの一族・家系にとって重要な場所の名前だったことになる。

さて、蘇我氏に関わりの深い石川といえば、直ちに河内国石川*が想起される。それは主として河内国内を流れる石川の東岸一帯である。ただ、石川は蘇我氏のなかでも稲目―馬子―蝦夷―入鹿と続いた蘇我氏本家ではなく、それに次ぐ勢力を誇った蘇我倉氏（後に石川氏と改称）の拠点があった地域であり、本家にとっては疎遠な

＊ **加差披**　加差披余を人名と見る説もあるが、余は続くヲワケ臣の一人称とするのが妥当。

＊ **乎獲居臣**　臣は巨とよみ、それは男子の名前の末尾につく子であり、ヲワケコとするのが正しいという説もある。

＊ **河内国石川**　現在の大阪府南河内郡太子町、河南町、千早赤阪村と富田林市東部、羽曳野市の一部におよぶ。

土地にすぎない。

したがって、蘇我石河宿禰とはあくまでも蘇我氏分家の一つ、蘇我倉氏のルーツとなる人物として考え出された存在といえよう。蘇我氏の祖先系譜のなかにこの人物が嵌《は》め込まれたのは、蘇我倉氏の長であった麻呂（いわゆる蘇我倉山田石川麻呂）が皇極四年（六四五）の乙巳《いっし》の変において蝦夷《えみし》・入鹿《いるか》を滅ぼす側に加担し、その結果、蘇我氏本家に取って代わった後のことと見られる。蝦夷・入鹿の本家は、もともと蘇我石河宿禰とは別の名前の先祖をいただいていたであろう。それが何であったか、残念ながら今となってはわからない。

満智・韓子・高麗は渡来人か

つぎに蘇我石河宿禰の子が満智《まち》、その子が韓子《からこ》、その子が高麗《こま》（別名、馬背《うませ》）であり、そして、その子が稲目《いなめ》であったとされている。

満智に関しては、これとよく似た木刕満致《もくらいまんち》という名前の百済《くだら》貴族が知られている。満致は五世紀後半、百済が高句麗《こうくり》に攻められ一時壊滅した時、*新しい百済王（文周王）を擁して南に脱出したと伝えられる。その後、彼は海を越え倭国《わこく》にやって来て、蘇我満智になったのではないかと推測されている。いわゆる蘇我氏渡来人説である。さらに、韓子は倭韓のハーフを指す通称であり、高麗は朝鮮半島の強国、高句麗を指した。このように、満智以下の三代がいずれも朝鮮半島に関わり深い名前であるのは、蘇我氏が渡来人であったからというわけである。

しかし、そもそも、百済の満致と蘇我満智が同一人物であることを証明すること

＊　**一時壊滅した時**　蓋鹵王（在位四五五—四七五）は首都漢城を陥され、殺害されている。

はおよそ不可能であろう。また、朝鮮半島の出身者であれば、かならず朝鮮風の名前を称するわけでもあるまい。それよりも、この三代がはたして実在の人物であるかどうかを考えてみるべきであろう。

彼ら三代は、先の稲荷山鉄剣の銘文系譜のテヨカリワケ、タカハシワケ、タサキワケの三代に相当すると見られる。系譜のこの部分に配置されるのは基本的にいくつかの豪族と共有される先祖であり、当然のことながら彼らは実在の人物ではありえない。また、テヨカリワケのカリのように、この一族の王権への奉仕を象徴する語彙がふくまれるのが特徴である。

この三代は蘇我石河宿禰に直接連なっているから、やはり石河宿禰を祖とする蘇我倉氏によってつくり出されたと見なすのが妥当であろう。そして、彼らの名が一様に朝鮮半島にゆかりの深いものになっているのは、蘇我倉氏が倉というそのウジナにあらわされているように、天皇のクラに納められる貢納品の管理やその報告を職掌にしていたことを反映するものと考えられよう。天皇への貢納は列島内部からだけでなく朝鮮半島からのものも少なくなかったはずである。蘇我倉山田石川麻呂が入鹿暗殺の舞台となった儀式において、天皇に対し「三韓進調」(朝鮮三国からの貢納)のリストを読み上げていたらしいことからいっても、この一族が蘇我氏のなかでもその職務を通じて朝鮮半島との関係を深めていたことは明らかといわねばならない。

また、詳しくは後述するように、河内国石川を基盤とする蘇我倉氏の祖となった麻呂の出自を詮索するならば、彼には一族内で「韓人《からひと》」と呼ばれるような、朝鮮南部との血縁的な繋がりも想定される。その事実が系譜上の祖先名に反映されている可能性も否定できないところである。

二　初代稲目

葛城氏を受け継ぐ

高麗の子が稲目であるが、稲目以降は実在の人物と考えてよい。稲荷山鉄剣の銘文系譜におけるハテヒ以下がこれに相当するといえよう。

蘇我氏の祖先系譜に限らず、古代の氏族系譜は、複数の氏族によって共有される架空の先祖の系譜部分（いわゆる伝説的部分）と、個別の氏族の実在の先祖の系譜部分（現実的部分）という二つに截然と分けることが可能であり、両者による二重構造になっていたと考えられる。高麗と稲目の二人は父子とされているが、それぞれが所属する世界が異なるのであり、稲目の実在の父祖の名前は不詳といわねばならない。

稲目とその子の馬子《うまこ》の二代は、稲目宿禰や馬子宿禰のように宿禰の称号を付して呼ばれることがある。馬子の子の蝦夷や孫にあたる入鹿が宿禰を付して称されることはなかった。これは、稲目・馬子の父子がもともと蘇我氏の祖先系譜のなかでも実在の祖先系譜の最上部に位置づけられていたことと関係する。このことからいっても、高麗と稲目との間に系譜上の切れ目があり、稲目以降が実在の人物であることは明らかであろう。

まさに「蘇我氏の履歴書」というべき、蘇我氏の成り立ちを具体的に物語る記述が『日本書紀』推古三十二年（六二四）十月癸卯朔《きぼうさく》条に見える。それは、蘇我氏の二代目となる馬子がその晩年、彼から見て姪にあたる推古天皇（馬子の姉の娘）に対し、天皇家の直轄領の一つである葛城県《あがた》*の下賜を要請したところ、それを鄭重に断わられたというものである。この時、馬子は葛城が自分の生まれ育った場所（「本居《うぶすな》」）であり、それゆえに葛城を姓名にしたこともあると主張したという。

このように馬子がかつて葛城を名乗ったというのは、彼の母すなわち稲目の妻が葛城氏出身だったことによると考えられる。この時代、馬子のような豪族の子女はその母親の実家において養育されたと見られるから、葛城が馬子の生まれ故郷であるということは、彼の生母の属する豪族が葛城の地を勢力基盤としていたことにほかならない。

もともと葛城県とは、葛城襲津彦に始まるとされる有力豪族、葛城氏の勢力圏内の主要地域であった。それが天皇家の直轄地とされたのは、五世紀後半に葛城氏が

＊ **葛城県** 倭国の六県《むつのあがた》の一つ。六県は他に高市・十市《とおち》・志貴《しき》・山辺《やまのへ》・曾布《そう》である。

葛城一言主神社

時の雄略天皇に刃向かった時、贖罪のために献上*された結果と伝えられている。晩年の馬子がその返還をもとめているのは、彼が葛城氏という名門を受け継ぐ血統的な資格をもっていたからであろう。馬子がかつて葛城馬子とも名乗ったというのは、彼が保有するそのような資格に関係していると見られる（どうして馬子が晩年になって葛城氏の主要財産の相続を願い出たのかについては後述したい）。

　かつての葛城氏は、先に見た武内宿禰を祖とする最有力豪族の連合体において筆頭の座を占め、それゆえ天皇の朝廷内で絶大な権勢を誇っていた。ところ

＊ **贖罪のために献上**　安康天皇を殺害した眉輪《まゆわ》王を匿った葛城円《つぶら》大臣は、雄略に娘の韓媛《からひめ》と葛城の宅七区の奉献を願い出たという。だが、結局、許されずに殺されている。

が、その本流は五世紀後半に天皇家と敵対し、そのため往時の勢力を失ってしまう。その後、葛城氏同様に武内宿禰を祖とした蘇我氏の稲目は、どのような経緯があったかは不明であるが、葛城氏本流に連なる女性と結婚、葛城氏の入り婿になったものと推察される。おそらく五世紀末から六世紀初頭にかけての葛城氏には、本家・本流を担うに足るしかるべき男子がいなかったのではあるまいか。そのため、稲目は入り婿でありながら葛城氏を代表する存在と目されたのであろう。

稲目の後継者となる馬子は、『扶桑略記《ふそうりゃっき》』*によれば、推古三十四年（六二六）五月に七十六歳（数え年。以下同じ）で亡くなったと伝えられるので、欽明十二年（五五一）の生まれである。幼少期の馬子は、母系により葛城氏の血脈を受け継ぐ稀少な男子ということで、葛城氏期待の星と仰がれていたのであろう。彼が葛城馬子と名乗っていたのはそのためと考えられる。そうなると、その父稲目は葛城氏の正嫡たる馬子の後見人として、その地位はますます強固で不動のものとなったに違いない。稲目と蘇我氏の飛躍を準備したのは、実にこのような立場だったということになる。葛城氏の本家・本流は、結果的には蘇我氏に吸収・合併されたと見なすことができよう。

初代大臣に就任する

その稲目であるが、彼は五三六年、宣化《せんか》天皇が即位すると同時に制定された大臣《おおまえつきみ》・群臣《まえつきみ》の大臣に抜擢されることになる。大臣とは群臣を統括するポストであり、群臣とは天皇のもとに結集した有力豪族の代表として天

---

* **『扶桑略記』** 神武天皇から平安末期の堀河天皇までの時代を、仏教を中軸にして編年体で記した歴史書。皇円阿闍梨《こうえんあじゃり》の編といわれるが未詳。

天皇系図（数字は皇統譜の即位順序）

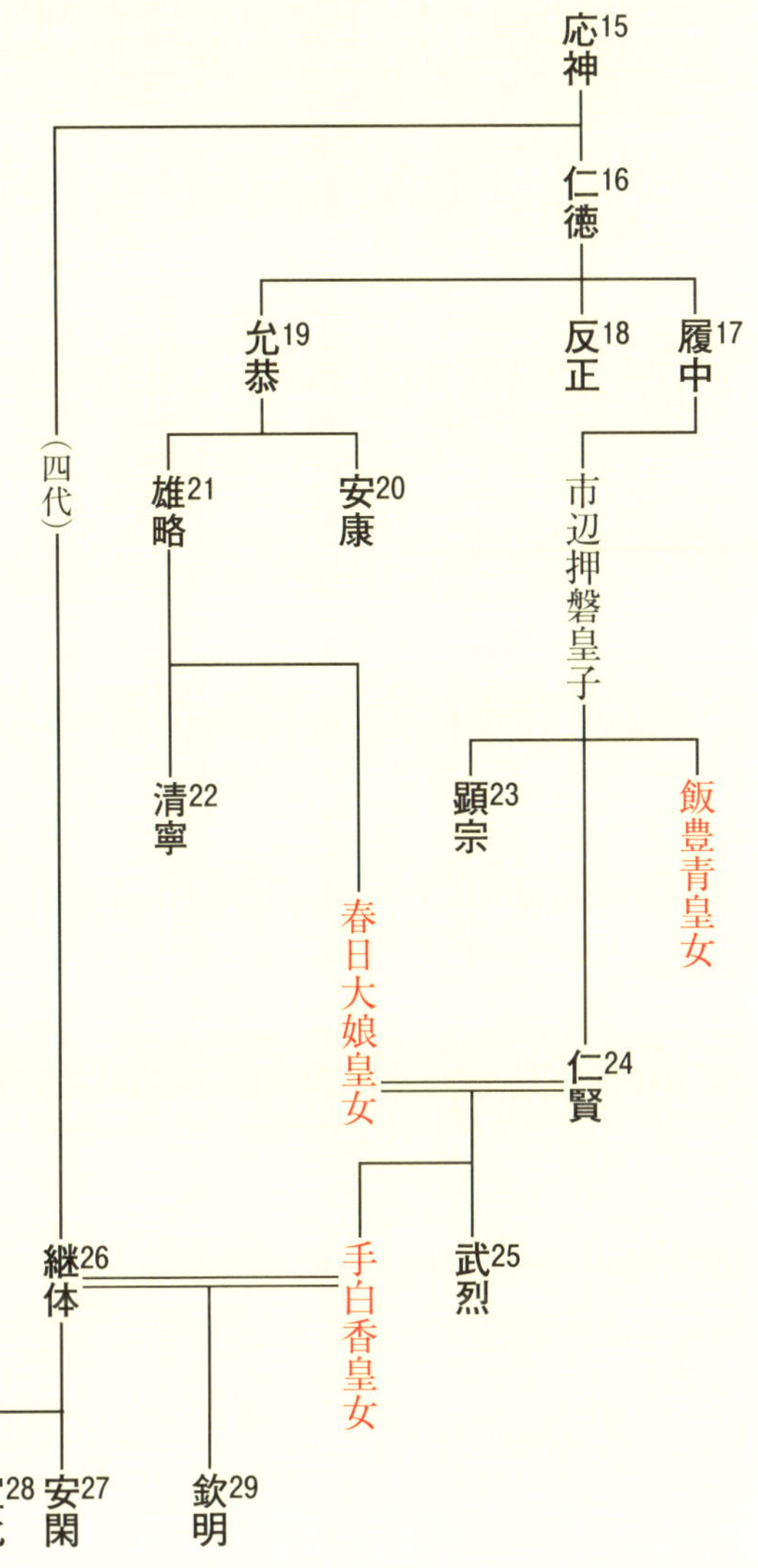

皇の統治を共同で支えるのが職務であった。このようなシステムがこの時期に創始されたのは、この前後における皇位継承の在りかたの変化に対応したものであった。

これ以前の五世紀段階、後の天皇に相当する日本列島の統治者の地位（治天下の王）はまだ特定の血縁集団に固定していなかった。すなわち、天皇を出す血縁集団が複数存在したのである。それは、この時代の天皇に日本列島や朝鮮南部に対する軍事支配の卓越性やその成果がもとめられていたからであった。仁徳天皇の皇子とされる履中《りちゅう》天皇・反正《はんぜい》天皇・允恭《いんぎょう》天皇は同母兄弟と伝えられている。だが、実際には履中・反正と允恭との間に直接的な血縁関係はなかった*可能性が高い。

　ところが、五世紀末から六世紀初めにかけて、天皇を出す血縁集団を一本化しようという動きがしだいに強まっていった。六世紀初頭に即位した継体《けいたい》天皇は、後年「応神天皇の五世孫」*といわれるようになるが、五世紀に天皇を出す資格をみとめられていた複数の集団の一つの出身だったと見るのが妥当である。その子である欽《きん》明《めい》天皇は、五世紀段階において複数存在した天皇を出す血縁集団の血をすべて受け継いだ特別な存在であった。継体の妻で欽明を生んだ手白香皇女《たしらかのひめみこ》が、履中・反正系と允恭系の双方の血統を受け継いでいたからである。

　この欽明以降はその子孫に皇位が固定され、欽明の血を受け継ぐ者のみが天皇に擁立されるようになった。ここに「血縁」による皇位の世襲が始まり、天皇家と呼ぶに相応しい実体がようやく形成されることになったのである。それとともに、五世紀段階に複数存在した王家の系譜が一つにまとめられ、天皇家というべき巨大な同族集団に仕立て上げられていった。応神天皇や仁徳天皇はその巨大な一族の起点（始祖）というべき存在として創出されたと考えられる。

　欽明はその血統ゆえに即位することが確約されていたが、その父継体が亡くなっ

＊**直接的な血縁関係はなかった**　『宋書』倭国伝によれば、反正と見られる倭王珍と允恭と思われる倭王済との間には続柄の記載がない。これは両者の属する血縁集団が異なるものであったことを示すと見られる。

＊**「応神天皇の五世孫」**　鎌倉時代の『釈日本紀《しゃくにほんぎ》』が引用する「上宮記」一伝系譜によれば、「凡牟都和希《ほむたわけ》王（応神）―若野毛《わかぬけ》二俣《ふたまた》王―大郎子《おおいらつこ》（意富々等《おおほと》王）―乎非《おひ》王―汙斬《うし》王―乎富等《おほと》大公王（継体）」とあり、たしかに継体は応神五世とされている。だが、大郎子と乎非の間に系譜上の切れ目があることは明らか。乎非以下がいわゆる現実的部分である。

た時点でまだ二十代の若年であった。そこで彼が成長し、天皇となるのに相応しい年齢になるまでの「中継ぎ」として即位することになったのが欽明の異母兄にあたる安閑《あんかん》天皇と宣化天皇*だったのである。とくに宣化は、血統的な条件は申し分がない異母弟の欽明がその若さゆえに政治の運営に難渋することがないようにと配慮し、その結果、有力な豪族の代表者たちが共同で欽明やその子孫をサポートしていくという大臣・群臣の制度を創始することになったといえよう。

そして、稲目が初代の大臣に抜擢されたのは、彼が武内宿禰を始祖とする最有力豪族の連合体の筆頭だった葛城氏の入り婿であるにも拘らず、当時同氏を実質的に代表する立場にあったためと考えられる。以上のように、稲目と蘇我氏が大きく躍進することになったのは、六世紀前半における世襲王権の誕生という歴史的条件が大きく関係していた。これ以後は、稲目の子孫である蘇我氏族長が大臣の地位を世襲していくことになる。それは、蘇我氏の族長が葛城氏の血脈を相承していることが重要な条件と見なされていたからである。

欽明皇統の姻戚となる

以上見たように、六世紀になってようやく皇位が特定の血縁集団に固定するようになり、欽明の血を受け継いだ者だけに皇位継承権が限定されることになった。その欽明の後宮に稲目の娘が一人のみならず二人も迎えられることになったのは注目に値しよう。堅塩媛《きたしひめ》・小姉君《おあねのきみ》の同母姉妹がそれである。彼女らが欽明の後宮に入ることができたのはいったいどうしてであろうか。

* **安閑天皇と宣化天皇**　安閑は在位二年で崩御した時七十歳、宣化は即位時六十九歳と伝えられ、いずれも高齢で天皇になっている。

欽明天皇磯城嶋金刺宮

天皇の地位や皇位継承の安定のためには大勢の皇子・皇女の存在が不可欠である。正妻にあたるいわゆる皇后は天皇の身内（皇族）から優先して選ばれたが、皇子・皇女の母となるそれ以外の妻妾は誰でもよいというわけにはいかない。それは当時にあって、名家・名門といわれた一族の出であることが望ましかったはずである。稲目は名門たる葛城氏の入り婿とはいいながら、その権門を代表する存在と見なされていた。しかも、五五一年には葛城氏の正嫡というべき馬子という実子も得ることになる。その稲目の娘となれば、欽明から見て后妃として迎えるのに相応しい存在だったといえよう。

堅塩媛の第四子である額田部皇女《ぬかたべ》(後の推古《すいこ》天皇)は、推古三十六年(六二八)三月に七十五歳で亡くなっているので、欽明十五年(五五四)の生まれとわかる。堅塩媛が欽明の後宮に入ったのは五五〇年前後と考えてよいであろう。結局、堅塩媛は何と十三人、小姉君は五人の皇子・皇女を生み、このなかから用明《ようめい》天皇(堅塩媛の所生)、崇峻《すしゅん》天皇(小姉君の所生)、推古天皇(堅塩媛の所生)が相次いで即位することになった。いわゆる蘇我系の天皇である。

蘇我氏はこのように天皇の外戚となることによって栄えたといわれるが、稲目が宣化によって大臣に抜擢されたのも、また、彼の娘が二人も欽明の後宮に迎えられたのも、ひとえに彼が葛城氏の血脈に連なっているという政治的な優位がみとめられた結果であったと見られる。したがって、稲目に始まる蘇我氏の族長は、この後も葛城氏との繋がりを一貫して保持していかねばならなかったのである。

仏法の管理を委ねられる

『日本書紀』によれば、欽明十三年(五五二)十月、百済の聖王*から仏像や経典が贈与され、欽明天皇はこれを大臣の稲目と蘇我氏に下賜して礼拝させたという。いわゆる仏法伝来である。これを五三八年の出来事とする有力な異説(『元興寺伽藍縁起并流記資財帳』『上宮聖徳法王帝説』)もあるが、五三八年説・五五二年説はともに後世になって一定の立場から主張された所説にすぎず、史実としてはいずれも問題があるといわざるをえない。確実なのは、六世紀前半から

---

* 聖王　武寧王の子。在位五二三—五五四年。一般に聖明王と呼ばれるが、明はこの王の諱である明穠《めいじょう》の一部。

中葉にかけての欽明の治世に、仏法に著しく傾倒した中国南朝の梁《りょう》の武帝《ぶてい》に従属していた百済の聖王から欽明へと仏像や経典などが贈与されたということであろう。

教科書的には、稲目や蘇我氏は革新派で開明的だったので仏法をみずから進んで受容したといわれる。それに対し、保守派で守旧的な物部氏や中臣《なかとみ》氏*はその受容に猛反対したとされる。よく知られた崇仏と廃仏の争いという図式であるが、これは後世になって布教の拡大戦略のために考え出された言説にすぎない。そもそも、仏法は百済王権から倭《やまと》王権に正式に贈与されたわけだから、倭国内の一部勢力の反発によって簡単に拒絶できるはずがなかった。

この時代の仏法は、蕃神《ばんしん》すなわち外来の神々を祭ることと同義とされていたことが留意されよう。わが国の在来の神々は人の目には見えないが強大な力をもった存在であり、一か所にとどまらず絶えず空中を浮遊しており、招来されれば特定の場所に降臨するが、時に祭りかたを誤るならば人間に祟りなどの災厄*をもたらす畏怖すべき存在とされていた。仏もそのような神々の一種と見なされていたが、在来の神々と大きく異なるのは、蕃神がいわゆる仏像として姿かたちをもっており、寺院という神殿内に安置されているということであった。

天皇はといえば、在来の神々を直接その手で祭ることはなく、祭るべき神を決定するだけであり、その祭祀自体は天皇が信任するしかるべき有力者に委託するのが一般的であった（これを委託祭祀といった）。蕃神と呼ばれていた仏もその例外ではな

＊**中臣氏**　天孫降臨神話に登場する天児屋《あめのこや》根命《ねのみこと》を祖とする。祭祀を管掌した。一族の勝海《かつみ》は仏教受容に反対し、物部守屋とともに滅ぼされた。鎌足は乙巳の変に加担し、天智天皇から藤原の姓を賜って藤原氏の祖となった。

＊**祟りなどの災厄**　『日本書紀』などによれば、崇神天皇の時代、三輪山の大物《おおもの》主神《ぬしのかみ》がその祭られかたを不服とし、疫病を流行させたので、国中の民の半数が死亡したと伝えられる。

かった。欽明としては、蕃神をみずから祭ることはできないので、これを信頼する大臣稲目に委ねたというのが真相であろう。

蘇我氏は革新的で進取の精神に富んでいたので外来の宗教である仏法を積極的に取り入れたわけではなかった。あくまで欽明から大臣としてまた姻戚として信任されていたからこそ、仏法の主宰・管理、具体的には蕃神の祭祀を委ねられたと見なすべきなのである。それは天皇家から委託されたものであったから、やがて天皇家の一存によって取り上げられる機会が訪れないとは限らなかった。

仏法伝来を機に蘇我氏と物部氏との間に確執が生じたというのは、たんに仏法の受容をめぐって両氏が鋭く対立したということではなかった。物部氏はもともと天皇から委託され祭祀（とくに武神の祭儀）を主管していたので、蕃神の祭祀が自氏ではなく蘇我氏に委託されことに憤懣を抱いたに違いない。とはいえ、そのような裁定を下した欽明に異議や不満を唱え続けるわけにもいかないので、蕃神の祭祀を委ねられた蘇我氏に対して憎悪と敵愾心を募らせることになったのであろう。

なお、この時期の稲目の居宅は「小墾田《おはりだ》の家」や「向原《むくはら》の家」など、甘樫《あまかし》丘の北麓周辺、それに「軽《かる》の曲殿《まがりどの》」（橿原市大軽町）のように畝傍《うねび》山の東南麓にあったことが確認される。甘樫丘北麓はいわゆる飛鳥の北端にあたるから、この時期の蘇我氏はまだ飛鳥の中心地域に居宅を営んではいなかったことになる。

屯倉の設置に遣わされる

先に見たように、欽明天皇の登場によってようやく世襲王権が成立したわけだが、「血縁」によって推戴された天皇に対する物資や労働力の提供・補給を恒常化・固定化するために、各地にミヤケ（屯倉・官家・三宅などと書く）と呼ばれる施設（「ミ＋ヤケ」であり、天皇・朝廷に関わる公的な建物のこと）が設置されていくことになる。稲目と蘇我氏はその事業にも積極的に関わった。

まず宣化天皇の時代、稲目は尾張連《おわりのむらじ》なる豪族に命じて尾張屯倉の穀を筑紫の那津官家《なのつのみやけ》*に運搬させている。那津官家は後の大宰府の先駆をなす公的機関ではなかったかといわれている。宣化自身も阿蘇仍君《あそのきみ》という九州の豪族に下命して河内国の茨田《まんた》屯倉の穀を運ばせている。これは諸国から穀を那津官家に集積し、海外出兵のさいの兵糧や外国の使者を迎接するおりの財源に充てようとしたものと見られる。

欽明天皇の時代になってからは、稲目は吉備《きび》国に派遣されて白猪《しらい》屯倉と児島《こじま》屯倉の設定にあたっている（十六年七月、十七年七月）。また、稲目は大倭《やまと》国の高市郡にも遣わされ、韓人大身狭《からひとのおおむさ》屯倉や高麗人小身狭《こまびとのおむさ》屯倉（橿原市見瀬町）を設置、さらに紀伊国に派遣されて海部《あま》屯倉の設置も行なったという（十七年十月）。大身狭・小身狭の屯倉は韓人や高句麗人といった渡来系集団の労働力によって設定されたようである。

これらのミヤケの設定にあたっては、ミヤケに付属する水田の耕作民（これを田部《たべ》といった）の編成・支配のために渡来系の書記官の文書による情報管理が不可欠であったと考えられる。欽明三十年（五六九）四月には、渡来系の王辰爾《おうしんに》（船氏、白

＊那津官家　那津は「那の津」であり、博多湾のこと。

猪氏、津氏の祖）の甥である胆津《いつ》に命じて白猪屯倉に所属する田部の帳簿（戸籍）が作成されている。

そもそも稲目がこのような使者に選ばれたのは、稲目と蘇我氏がこのような渡来系書記官をその配下にしていたためと考えられる。では、稲目はどうして彼ら渡来人をその指揮下に組み入れる資格を得たのであろうか。それは、先に見たように、稲目と蘇我氏が仏法の主宰・管理を委ねられたことにより、仏法に付随する外来の文化や技術もその管理下におくことになった結果だったといえよう。かくして稲目は、具体的には外来の文化・技術をその集団内部で保有・伝習していた渡来系氏族や集団をその指揮下に編成するようになったわけである。

従来からも蘇我氏が渡来系氏族と関係が深く、彼らと結ぶことで発展・飛躍したことは指摘されている。それが蘇我氏自身を渡来人だったとする学説の根拠の一つとされたこともあった。蘇我氏は葛城氏を継承したことにより、すでに葛城地域に安置されていた渡来系集団*を配下に加えていたと見られるが、蘇我氏が渡来系氏族全体を正式にその指揮・管理下におくようになったのは、稲目が欽明から仏法の主宰・管理を委託されたのが重要な契機となったことを強調しておく必要がある。

＊ **渡来系集団**　『日本書紀』神功皇后摂政五年三月条によれば、葛城襲津彦が新羅から連行した捕虜が「桑原・佐糜《さび》・高宮・忍海《おしぬみ》、凡て四の邑」にあったという。

三

二代馬子

若き大臣―稲目を受け継ぐ

欽明三十一年（五七〇）三月、稲目が薨去し、その後を追うかのように同三十二年四月に欽明天皇も崩御した。その翌年（五七二）、欽明の皇子だった敏達《びだつ》天皇*が即位、それにともない馬子が正式に大臣に任命されたことになっている。

馬子の大臣位継承については、何ら問題は生じなかったはずである。先に述べたように、蘇我氏族長が大臣となることができたのは、蘇我氏が武内宿禰を始祖とする最有力の豪族連合の盟主たる葛城氏を受け継いでいたためであった。馬子は葛城氏出身の母を通じて葛城氏の血脈を直接受け継いでいたから、その点で彼にまさる人物はいなかった。ただ、問題は彼の就任時の年齢であった。馬子は当時まだ二十二歳の若さであり、重臣層をたばねる大臣としての貫禄不足は否めない。

この弱点を補うために、おそらくは稲目の最晩年の計らいによるのであろう、馬子は重臣筆頭の位置にあった物部守屋《もののべのもりや》の妹*を娶《めと》ることになったのである。この縁談の成立により守屋と馬子は義兄弟の間柄になるから、年若く経験不足が否めない新大臣の馬子であっても、義兄守屋の協力を取りつけながら重臣層を統括しやすく

---

* 敏達天皇　欽明皇后の石《いし》姫《ひめ》が生んだ第二皇子。第一皇子の箭田珠勝大兄《やたのたまかつのおおえ》皇子が早世したために繰り上げられて即位することになった。

* 物部守屋の妹　『先代旧事本紀』天孫本紀によれば、馬子の妻の名は鎌姫大刀《かまひめのおおと》自《じ》と伝えられるが、彼女は守屋の妹ではなく、守屋の妹（布都姫《ふつひめ》大刀自）の娘とされている。

なるに違いない。先に見たように、欽明の時代、仏法伝来を機に蘇我氏と物部氏との間には不和が生じていたが、この縁談の成立は両氏和解のきっかけになったと考えられる。後に馬子と守屋が決裂することになるのは、その後新たに生じた問題に起因するものだったのである。

渡来系書記官を配下とする

敏達元年（五七二）五月、前年に北陸地方に漂着した高句麗使がもたらした国書の解読が馬子に委ねられた。その国書が真っ黒なカラスの羽に書かれていたという挿話は有名であろう。これは高句麗国書の漢文が当時倭国で一般に書かれていた漢文と異なり、解読が極めて困難であったことを暗示していると見られる。

ここで重要なのは、敏達天皇が国書解読を直ちに馬子に委ねたことである。馬子にこの役割がまわってきたのは、彼が当時たんに大臣という最高職にあったからだけではあるまい。彼はまだ二十代の若さであり、重臣筆頭の物部守屋の強力なサポートがあったとはいえ、大臣としての実績などまだなきに等しいからである。

結果的に高句麗の国書が百済系の渡来人、王辰爾《おうしんに》によりみごとに読み解かれたとされていることからも明らかなように、馬子の配下には辰爾のような大勢の渡来系書記官たちが配属されていたのである。これら渡来系の書記官たちは、仏法の主宰と管理を委託された蘇我氏の族長である稲目から馬子へと引き継がれた専属の有能なスタッフだったといえよう。

その後、敏達三年（五七四）、馬子は吉備国へと特派され、欽明天皇の時代に置かれた白猪屯倉に所属する田部（耕作民）の増員を行なっている。この時、馬子は二十四歳であった。このような任務は、渡来系書記官を配下にしたがえずにその遂行は困難だったに違いない。現にこの時は王辰爾の甥にあたる白猪史《しらいのふひと》胆津《いつ》という人物が馬子に随行し、田部の名前を記した帳簿の作成・管理にあたったという。

額田部皇女を皇后に立てる

敏達五年（五七六）、馬子の姪にあたる額田部皇女《ぬかたべのひめみこ》、通称、豊御食炊屋姫《とよみけかしきやひめ》*が敏達天皇の皇后に立てられた。いうまでもなく、後の推古天皇である。馬子はこの時、二十六歳。推古は二十三歳だった。馬子と推古は叔父と姪の間柄ながら、年齢差はわずかに三歳にすぎなかった。

推古が就任した皇后（当時の漢字表記は大后）は、キサキまたはオホキサキとよまれた。それは、後世の皇后が天皇の正嫡たる皇子を生むことを期待されたのとは異なり、天皇の近親女性という立場において天皇の統治を輔佐することが第一にもとめられた役割だったのである。推古は敏達の異母妹であり、その妻たちのなかで最有力の存在であった。何よりも、欽明皇女ということで偉大なる天皇の血統だけでなく統治者としての資質も受け継いでいると見なされたことが抜擢の主要な理由だったといえよう。

『日本書紀』によれば、推古が皇后に立てられる以前、息長真手王《おきながのまてのおおきみ》という謎の人物の娘、広姫《ひろひめ》が皇后だったとされている。彼女は押坂彦人大兄《おしさかのひこひとのおおえ》皇子（舒明天皇の

＊ **豊御食炊屋姫**　「神々に食事を奉献した高貴な女性」の意味。諡号のように見えるが、『日本書紀』はこれを彼女の成人後の名前（諱）としている。他方、額田部はその幼名とされる。

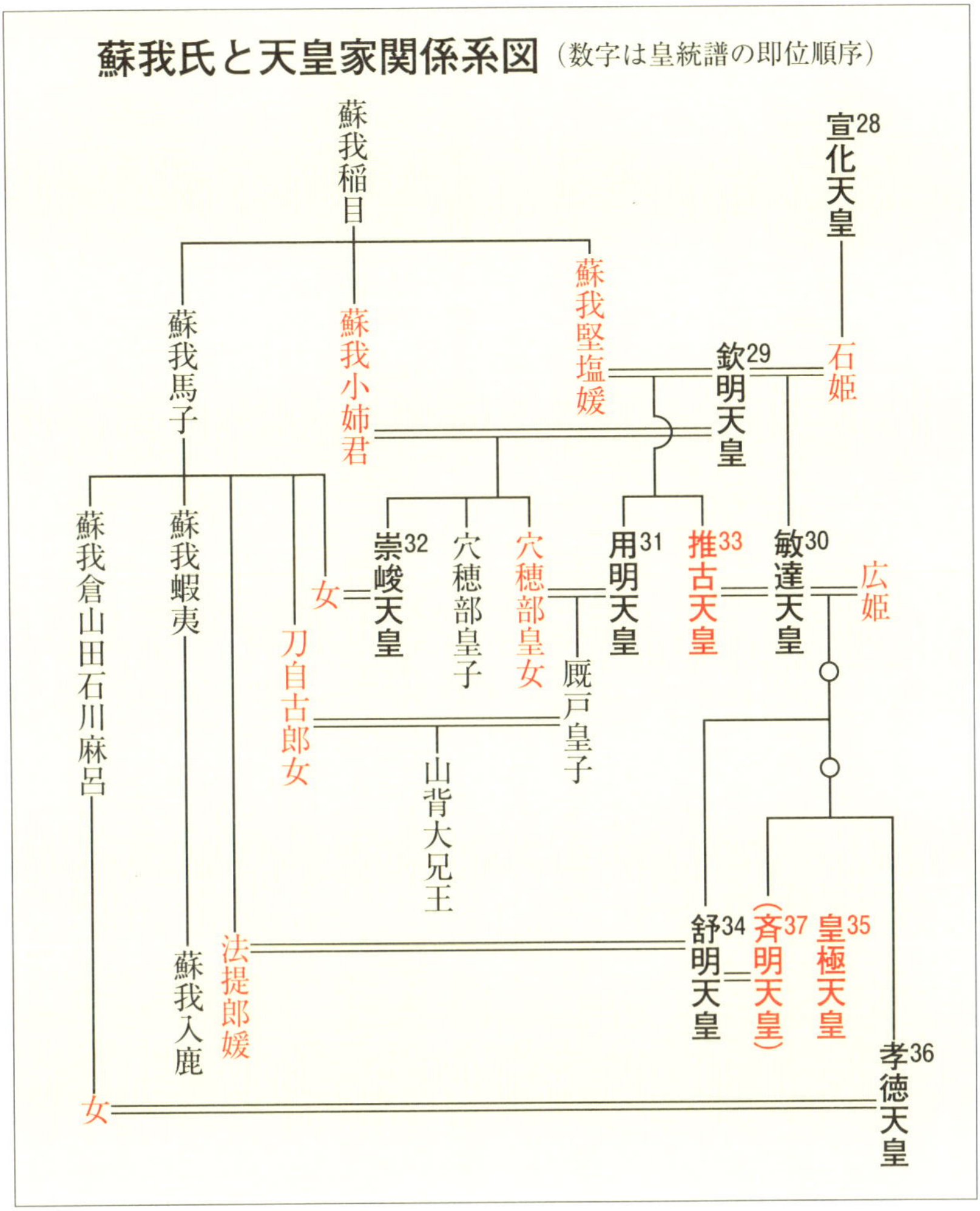
蘇我氏と天皇家関係系図（数字は皇統譜の即位順序）
蘇我稲目
宣化天皇 28
蘇我馬子
蘇我小姉君
蘇我堅塩媛
欽明天皇 29
石姫
蘇我倉山田石川麻呂
蘇我蝦夷
女
刀自古郎女
崇峻天皇 32
穴穂部皇子
穴穂部皇女
用明天皇 31
推古天皇 33
敏達天皇 30
広姫
厩戸皇子
山背大兄王
法提郎媛
蘇我入鹿
舒明天皇 34
（斉明天皇 37）
皇極天皇 35
孝徳天皇 36
女

父）を生んでいる。この広姫が亡くなったので、推古が彼女に代わり皇后になったというのである。しかし、それは広姫の生んだ皇子の子孫が後に皇統の主流（天智天皇、天武天皇）になっている事実をふまえた作為の所産にすぎない。

馬子の姪にあたり、蘇我氏の血脈を受け継ぐ推古がこのように王権の中枢にあって大きな権力をもつようになったことは、大臣である馬子の後押しがあったと見て間違いない。皇后の権力執行を支える経済基盤として諸国に私部《きさいちべ》＊と呼ばれる貢納・奉仕集団も設置された。ともあれ敏達皇后となった推古の存在や協力も手伝って、馬子による群臣らの統御はより円滑に行なわれるようになったと見られる。

丁未の役―物部守屋を滅ぼす

敏達十四年（五八五）八月、敏達天皇が崩御する。時に馬子は三十五歳の壮年に達していた。この時期、天皇はみずから後継者を決めることはできず、天皇崩御の後、重臣らがしかるべき人物に即位を要請するという形で新天皇が推戴されていた。このようなシステムを群臣推挙と呼ぶ。これは天皇が有力豪族たちの盟主的な存在であった時代の名残といえよう。

敏達の後継天皇は欽明の皇子で敏達に次ぐ年長者であった大兄皇子が群臣らに推されて即位することになった。用明天皇である。彼は推古の同母兄であり、馬子には甥にあたったから、馬子としては蘇我系のこの天皇誕生に否やのあったはずはなく、その擁立に向けて群臣らの意思の統一に努めたことであろう。

ところが、ここに不測の事態が出来した。欽明皇子で敏達・用明それぞれの異母

＊ **私部**　従来とは異なり后妃個人ではなく、キサキ・オオキサキの地位に対してあたえられた服属集団。日神《ひのかみ》の祭祀に関わる日祀部《ひまつりべ》とともに設置された。

弟にあたる穴穂部《あなほべ》皇子が、敏達の葬礼の場で自身の皇位継承権を強硬に主張し始めたのである。彼の母は稲目の娘小姉君であるから、馬子から見れば彼も甥にあたった。問題を紛糾させたのは、馬子の義兄、物部守屋がこの穴穂部を強力に支援したことである。守屋はこれまで義弟馬子を表に立て、あくまでその輔佐役に甘んじてきた。だが、ここで穴穂部を皇位に押し上げて彼に恩義を売ることで、一挙に馬子の優位に立とうと企てたのである。ここに、蘇我氏と物部氏の姻戚関係にもとづく蜜月時代が終わりを迎えることになった。

　用明が即位したにも拘らず、穴穂部の勢いはやまない。用明元年（五八六）五月、彼は前皇后というべき推古を襲い、強引に彼女の夫の地位を得ようとする。穴穂部は、その暴挙を阻止した推古の寵臣（三輪逆《みわのさかう》）の無礼を責めてその誅伐を行なうと称し、守屋とその私兵を使って直接行動に打って出た。そして、逆が逃げ込んだことを口実にして、用明の皇居、磐余池辺双槻宮《いわれのいけのへのなみつきのみや》を包囲するという暴挙に出るのである。これは穴穂部・守屋のクーデターといっても過言ではなかった。馬子はといえば、穴穂部の暴発を何とかとどめようと奔走している。

　翌年四月、用明天皇が発病すると、群臣らが突如として守屋を糾弾し始め、孤立を深めた守屋は本拠地のある河内国渋川《しぶかわ》郡*に退去を余儀なくされる。それは、守屋が前年に用明の皇居を包囲したことが用明の病状悪化の要因と判断されたためと見られる。馬子は甥の穴穂部を守屋から切り離そうと必死に画策、穴穂部に用明の病

＊河内国渋川郡　大阪市東成・生野区の一部、東大阪市西部、八尾市の西南部にあたる。

床を見舞わせて謝罪をさせた。馬子はこれですべての罪と責任を守屋に押しつけようとしたわけである。

　用明が発病からわずか七日後に崩御すると、守屋の罪状は決定的なものとなった。群臣間に守屋を討てとの声がわき起こり、馬子は立場上討伐軍の中枢に立つことになる。馬子、時に三十七歳。馬子の「槻曲の家」には武装した群臣らが駆けつけ、一気に厳戒態勢に入った。この居宅はおそらく畝傍山の東南麓にあり、稲目の「軽の曲殿」を継承したものだったのではないかと見られる。

　前皇后推古は穴穂部の一連の暴挙を許していなかったので、まず馬子に対し、守屋と結ぶおそれのある穴穂部の誅殺を命じた。穴穂部は、馬子の命をうけた佐伯《さえきの》連丹経手《むらじにふて》、土師連磐村《はじのむらじいわむら》、的臣真嚙《いくわのおみまくい》らによって殺害された。これにより守屋の軍事的孤立は誰の目にも明らかとなった。

　その後、馬子の呼びかけに応じて結集した皇子・群臣の連合軍の総攻撃をうけ、守屋はあっけなく滅び去った（丁未《ていび》の役）。馬子に応じて守屋討滅に参加した群臣たちは、紀男麻呂《きのおまろ》宿禰、巨勢臣比良夫《こせのおみひらぶ》、膳臣賀拕夫《かしわでのおみかたぶ》、葛城臣烏那羅《かづらきのおみおなら》、大伴連嚙《おおとものむらじくい》、阿倍臣人《あへのおみひと》、平群臣神手《へぐりのおみかみて》、坂本臣糠手《さかもとのおみぬかて》、春日臣《かすがのおみ》某といった面々であった。このうち葛城烏那羅は葛城氏の本家・本流を受け継ぐ男子であり、おそらく馬子の後見もあって、ここに名を連ねているのではないかと見られる。

　守屋は一般にいわれるように仏法受容をめぐる闘争に敗れ去ったのではなく、皇

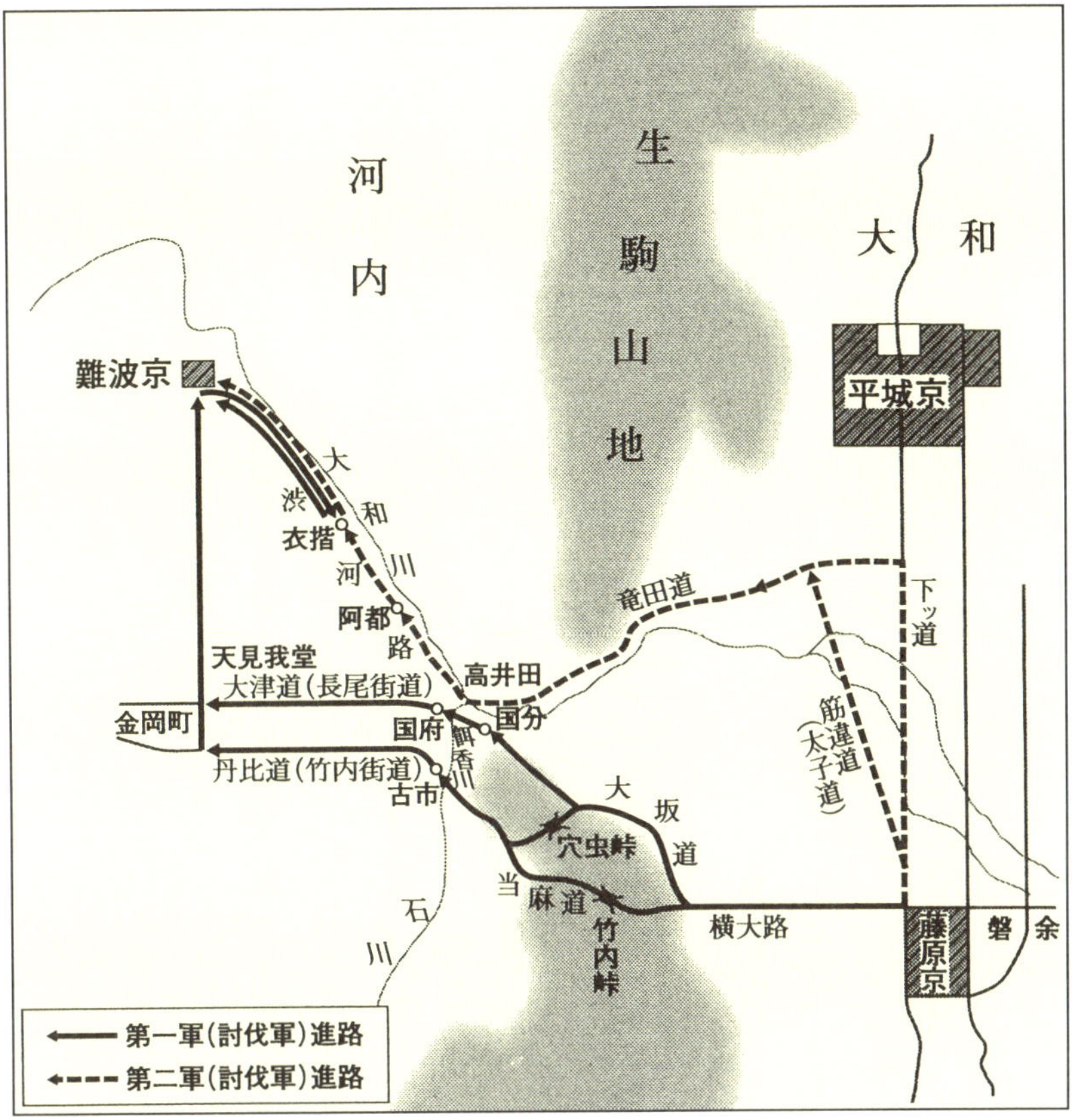

守屋討伐郡進軍図
（『戦乱の日本史〔合戦と人物〕』1、第一法規）

位継承をめぐる紛争で大きく躓《つまず》いたのである。馬子はといえば、一貫して前皇后として王権中枢を担う推古の命を奉じ、群臣らを巧みに統括しながら、穴穂部や守屋のような王権の安定と秩序を紊乱する者たちを掃討したといえよう。馬子の権威と存在意義はここにあるといっても過言ではない。

崇峻暗殺―史上初の女帝を擁立する

守屋滅亡の後、欽明の皇子で穴穂部の末弟だった泊瀬部《はつせべ》皇子が次期天皇に推戴された。これが崇峻天皇である。その母小姉君は馬子の姉であったから、馬子には甥にあたる。群臣らが崇峻に即位を要請したのは、彼が皇子として守屋誅伐に参戦して一定の功があったためと見られる。ここで重要なのは、崇峻擁立には従来のように群臣らのみならず、前皇后推古も加わっていたことである。このことが後々、彼女が史上最初の女帝となり、さらに史上初めて天皇として次期天皇を指名・決定するという画期的な出来事を準備することになる。

馬子はやがて崇峻と政治的対立を深め、ついにその殺害を決断するにいたったとされている。崇峻自身も叔父馬子の殺害を企図していたとされ、それを知った馬子が一族を集めて先手を打ったというのが『日本書紀』の筋書き*である。崇峻五年（五九二）十一月、東国の調が献上される儀式の場で崇峻暗殺が決行される。直接手を下したのは、馬子や蘇我氏の配下にあった渡来系氏族の出身で東漢直駒《やまとのあやのあたいこま》という人物であった。馬子、時に四十二歳。

＊『日本書紀』の筋書き　『日本書紀』は、崇峻が「山猪」を献上され、「何《いず》れの時にか此《こ》の猪の頸《くび》を断《き》るが如く、朕が嫌《ねた》しとおもふ所の人を断らむ」といったのが事件の発端と描く。

馬子がたとえ群臣らを統括する大臣の地位にあったとはいえ、天皇殺害という暴挙に対し群臣らが一切非難の声をあげることなく沈黙を守ったのは不審といわざるをえない。また、群臣らとともに崇峻擁立に関与した前皇后の推古がこれに異議を唱えていないのも疑問である。推古はこれ以前から叔父馬子と政治的には協調関係にあったわけだから、馬子が崇峻殺害を決断したことに関しては、当然、彼女や群臣らの同意・承認があったと考えざるをえない。崇峻が亡くなった直後、比較的スムーズに推古の即位が実現していることからすれば、崇峻の後継天皇はすでに彼女と決まっていた可能性が高い。おそらく崇峻は天皇としては不適格と判断され、代わりに推古を擁立するために崇峻の強制的な退位が断行されたということができよう。推古は三十九歳であった。

豊浦宮跡

この段階において天皇に第一にもとめられたのは執政能力の卓越性であった。崇峻のように支配層の結集を脅かす危険性のある男性よりも、また、政治的な資質が未知数の年若い皇子たちよりも、推古のように政治的経験と実績がすぐれた女性を天皇に擁立すべきという認識が優勢だったといえよう。馬子は群臣らを統括する大臣として、初の女性天皇の擁立という方向に大きく舵を切ったのである。馬子の決断なくして六世紀末の段階での女性天皇の誕生はありえなかったであろう。

推古は飛鳥の北端に位置する豊浦の地に天皇としての拠点をもとめた。豊浦宮である。これは、彼女の祖父にあたる稲目が営んだ「向原の家」を受け継いだものだったのではないかと見られる。後に推古は即位十年ほどして小墾田宮に遷るが、これも稲目の「小墾田の家」を継承した可能性が高い（後述）。このように、馬子の政治的パートナーである推古が飛鳥の北端の地に拠点を定めたのを契機に、馬子も飛鳥のなかに自身の居宅を設けることを考え始めたのではないかと思われる。

飛鳥寺を創建する

一般に蘇我氏の氏寺とされる飛鳥寺の造営は、物部守屋滅亡後の崇峻天皇の治世に開始されている。これに関しては、仏敵というべき守屋が滅んだので晴れて寺院の建立が可能になったといわれるが、すでに述べたように物部氏は仏法それ自体の受容に反対していたわけではなかった。

そもそも、飛鳥寺は蘇我氏の氏寺だったといわれているが、本当にそうだろうか。通説では、守屋との戦いのさなかに戦勝を祈願するために、厩戸《うまやと》皇子（聖徳太子）が難波の四天王寺、馬子が法興寺《ほうこうじ》（飛鳥寺）の造営を発願したとされている。そのとおりであれば、たしかに飛鳥寺は馬子や蘇我氏の氏寺であり、その私有財産というべきものになろう。

しかし、飛鳥寺はすでにそれ以前において、馬子と推古の二人によってその創建が計画されていたのである。敏達末年（五八五年）、大野丘の北に建立された刹柱《さっちゅう》塔《とう》（仏舎利を塔の頂に納める）は、飛鳥寺のような大寺院の建立を内外に宣言するものだったと考えられる。また、『日本書紀』によれば、飛鳥寺の本尊、丈六釈迦如《じょうろくしゃかにょ》来《らい》坐像（飛鳥大仏）は推古の発願*によるとされている。これによれば、飛鳥寺の願主は推古その人であったことになる。馬子は大臣であり仏法を主宰・管理する公的な立場にあったからこそ、蕃神の祭殿というべき寺院造営の中核を担ったのであろう。以上のことからいって、飛鳥寺は天皇家の推古と蘇我氏の馬子による共同事業の所産と考えるのが妥当である。

飛鳥大仏（飛鳥寺蔵）

さらにいえば、飛鳥寺はいわゆる飛鳥北半の中心部に建立され、後世この地域に形成さ

＊　**推古の発願**　『日本書紀』推古十三年四月辛酉朔条に「天皇、皇太子・大臣及び諸王・諸臣に詔して、共に同じく誓願《こいちか》ふことを発《た》てて」と見える。

れた都市的空間（倭京《やまとのみやこ》）の中枢部を占めている。このことから考えると、馬子と推古は本格的な寺院をこの地に営むことによって、王権の聖地となりうる都を建設する第一歩にしようと企てたのではないかと思われる。この点からいっても、飛鳥寺造営は一蘇我氏の私的な事業ではありえなかった。

仏法の主宰・管理を天皇家から委ねられていた蘇我氏は、それによって外来の文化と技術を保有・伝習する渡来系集団を配下にして、天皇家が必要とする公共建造物の造営という事業を主宰することで政権内部に不動の地位を築くことになる。飛鳥寺の造営は、そのようないわば公共事業の記念すべき第一号になったということができよう。

崇峻元年（五八八）、百済から寺院造営のための技術者集団*が大挙して派遣されてきた。このように百済王権による公式の援助がなされていることから見ても飛鳥寺が蘇我氏の氏寺を超えた公的施設であったことは明らかであろう。飛鳥寺のモデルとなったとされる百済の王興寺*も、百済王が夭折した太子の冥福を祈って造営させた官寺であった。

飛鳥寺造営が開始される前後以降、それが完成したと思われる推古十四年（六〇六）までに、馬子は畝傍山の東南麓から飛鳥にその拠点を移したはずである。石舞台古墳に隣接する島庄《しまのしょう》遺跡が馬子邸跡に比定されているが、それは推古の小墾田宮が飛鳥の北端に位置するのに対して、飛鳥の南端というべき位置を占めていた。

---

* **技術者集団**　僧侶らのほか、寺工、鑪盤《ろばん》博士、瓦《かわら》博士、画工などが遣わされてきたが、仏工（仏師）は見えない。すでに倭国において人材が育成されていたのであろう。

* **王興寺**　韓国扶余にある王興寺遺跡の木塔心礎石から見つかった青銅製の舎利箱に「丁酉年」（五七七年か）の銘が見える。

飛鳥寺創建が、蘇我氏が畝傍山東南麓から飛鳥に勢力圏をシフトする契機になったと見なすことができよう。

厩戸皇子を外交に起用する

『日本書紀』は、推古即位の翌年（五九三）四月、厩戸皇子（後の聖徳太子）が皇太子に立てられ、万機の総摂すなわち国政の統括を委ねられたと記す。厩戸は推古の同母兄用明天皇の皇子であり、推古の甥にあたる。また、厩戸の両親はいずれも馬子の姉妹の子女（甥・姪）であったから、厩戸の政権への起用が推古と馬子の意思にもとづくことは明らかである。推古と馬子は彼らの政権の充実を期して、この人事を行なったといえよう。

それにしても、厩戸が有力な皇位継承候補の一人とはいえ（ただ、この段階では皇太子制は未成立*）、当時まだ若年と思われる彼がこのようなタイミングで大役に抜擢されたとはにわかに信じがたい。これより約八年後の推古九年（六〇一）二月、厩戸は飛鳥から北に十数キロ離れた斑鳩《いかるが》の地に宮殿の造営を始める。いわゆる斑鳩宮*であり、推古十三年（六〇五）十月頃には完成したようである。厩戸が新たな拠点の造営を開始したということは、この前後、政権内部における彼の地位が上昇し、新たな役割・使命が課せられたことを意味しよう。推古十五年（六〇七）二月には壬生部《みぶべ》*（後に上宮乳部と呼ばれる）があたえられており、これは斑鳩宮の経営・維持のための強固な基盤になったと考えられる。

厩戸が推古の王宮のある飛鳥からやや離れた斑鳩に拠点となる宮殿を築いたとい

＊ **皇太子制は未成立**　その成立は持統三年（六八九）、飛鳥浄御原令の施行によると考えられている。これより約一世紀も後のことである。

＊ **斑鳩宮**　生駒郡斑鳩町にある法隆寺東院の夢殿の一帯に遺構のあることが確認・推定されている。

＊ **壬生部**　ミブは幼い皇子女の養育を意味するので、壬生部は厩戸の数多い子女の養育料の名目であたえられたものと見られる。

うことは、この時期、厩戸にあたえられた役割・使命を果たすのに斑鳩という場所が至便だったからにほかならない。水路・陸路によって難波津へのアクセスがよい斑鳩に官邸というべき宮室を造営したわけであるから、厩戸に委ねられたのが中国や朝鮮諸国との外交の主管だったことは容易に推察できよう。

斑鳩宮は一般の皇子たちの宮殿とは異なり、外務大臣というべき厩戸の官邸として造営されたと見られる。六世紀末、中国は隋帝国の出現によってようやく政治的分裂の時代にピリオドが打たれ、その軍事的脅威は朝鮮三国や倭国に極度の緊張を強いることになった。倭国としても王権中枢に外交を専管する人材*を登用する必要に迫られていたのである。

すでに述べたように、天皇家がこの時期必要とした公共事業を主宰していたのが蘇我氏にほかならない。外交や戦争もそのような公共事業の延長線上にあったことを思えば、厩戸に委ねられた外交も蘇我氏の協力・援助なくしてその推進は不可能だったに違いない。厩戸の外交は決して彼の独力でなしえたものではなく、彼もその一員である蘇我氏の強力なバックアップのもとに展開されたと理解すべきであろう。

「外相」厩戸は、推古二十九年（六二一）二月にこの世を去り、皇位を継承することはなかった。「外相」官邸というべき特別な宮殿、斑鳩宮はその息子の山背大兄《やましろのおおえの》王《みこ》に受け継がれたが、王権内部に正式な位置を占めない彼が斑鳩宮やそれに付属す

＊ **外交を専管する人材**　将来において王権を継承する予定者が外交を担うことは朝鮮半島や倭国においても例のないことではなかった。たとえば、泰和四年（三六九）の銘のある石上神宮《いそのかみじんぐう》の七支刀《しちしとう》は、百済王の世子（太子）から倭王へと両国の軍事同盟の証として贈与されたものである。

る財産を相続したことは、後述するように、彼とその一族の大いなる悲劇につながっていくのである。

任那問題―隋帝国に使者を遣わす

この時代の外交で焦眉の課題だったのが朝鮮半島の任那《みまな》国*をめぐる問題であった。任那とは朝鮮南部にあった伽耶《かや》（現在の韓国慶尚南道）の一国で金官国とも呼ばれ、古くから倭国とのあいだに密接な関係を保ってきた。具体的には任那から倭国に対し、後に「任那の調《みつき》」と呼ばれる貢納物が差し出されていたのである。ところが、六世紀の半ば過ぎ、その任那をふくむ伽耶全体が新羅《しらぎ》によって併呑されてしまう。倭国とすれば、新羅に軍事的な圧力を掛けて任那の独立を回復するか、それができないまでも、新羅が「任那の調」を代わって差し出すように仕向けねばならなかった。

推古八年（六〇〇）二月、新羅と任那の間に戦闘が発生したので、推古天皇は任那を支援するために派兵を決断する。境部《さかいべ》氏の某が大将軍、穂積《ほづみ》氏の某が副将軍、万余の兵が渡海して瞬く間に五城の攻略に成功、新羅王によって六城*が割譲されたが、その後、倭国の軍勢が引き揚げると新羅はすぐさま任那に攻撃を仕掛けたという。このように軍事的な威圧にのみ依存するのは明らかに限界があった。

ここで新羅出兵の将軍を出した境部氏は蘇我氏の同族（分家の一つ）であり、摩理《まり》勢《せ》なる人物（馬子の弟とされるが、明らかではない）を祖とする。この一族は、境界祭祀と境界の確定を専門とした境部と呼ばれる集団を率い、対外戦争や国境の確定な

＊ 任那国　現在の大韓民国、金海の一帯にあったと考えられる。倭国への鉄資源供給の窓口であったといわれる。

＊ 六城　『日本書紀』によれば、多多羅《たたら》・素奈羅《すなら》・弗《ほ》知《ち》鬼《き》・委陀《わだ》・南迦羅《ありひしのから》・阿《あ》羅《ら》羅《ら》の六域。

どを行なってきた。このような職務を遂行することで、蘇我氏が主宰していた公共事業の一翼を担っていたわけである。推古三十一年（六二三）の新羅出兵のさいには境部雄摩呂《おまろ》が大将軍に任命されている。

その後、厩戸皇子が外交を主管するようになると、推古十年（六〇二）二月、厩戸は同母弟の来目《くめ》皇子を撃新羅将軍*に任命、筑紫に進駐させた。この時、境部氏の名は見えないが、蘇我系の皇族を将軍に起用した海外派兵であり、馬子や蘇我氏の影響力のもとに実行されたものと思われる。翌年二月に来目皇子が筑紫で亡くなると、四月には後任の将軍として厩戸の異母兄弟である当摩《たいま》皇子*が起用されるが、同行した妻女の急逝により途中で引き返してしまい、計画は頓挫した。

このように、軍事力に訴えての任那復興の限界が明らかになったところで、新たに切られた外交カードが遣隋使《けんずいし》であった。厩戸は、六世紀末に出現した強大な隋帝国に新羅がいち早く朝貢し、冊封*をうけて従属しているのに目を着け、ここを突破口として所期の目的を達しようと企図したのである。

正式な遣隋使*は推古十五年（六〇七）を初めとしたようだが、その最大のねらいは、隋の皇帝に対し、倭国の新羅に対する外交上の優位をみとめさせることであり、隋帝国の圧力によって新羅が倭国にすすんで「任那の調」を差し出すことを期待したわけである。そのため、倭国は新羅など朝鮮三国とは異なり、隋の皇帝に朝貢するが冊封は受けないという独自の立場を承認してもらうことをめざした。

---

* **撃新羅将軍**　神職集団である神部《かんとものお》や国造・伴造らから成り、二万五千人を率いたといわれる。

* **当摩皇子**　その母は葛城直磐村の娘広子で、当麻公の祖となった。欽明天皇の娘、舎人皇女を妻とした。

* **冊封**　「冊授・封建」の略で、中国の皇帝が外国の王に官職や爵位を授けて臣下とすること。

* **正式な遣隋使**　『隋書』倭国伝は、西暦六〇〇年に倭国から遣使のあったことを記すが、なぜかこれは『日本書紀』には見られない。

その結果、推古十八年（六一〇）に新羅使が独立国の体を装わせた任那の使者とともに朝貢するなど一時的な効果を生んだが、これが永続することはなかった。隋帝国も推古二十六年（六一八）には滅亡し、いわゆる遣隋使外交によって新羅による任那の実効支配を覆すことはできなかったのである。

ちなみに、新羅・任那の使者を小墾田宮に迎える儀式のさいに、推古天皇自身は外国使節の前に姿をあらわしていない。推古に代わって使者たちの前にきらびやかに着飾った姿で登場したのは大臣馬子その人であった。馬子は群臣らによって取り次がれた両国の使者の口上を「庁」（朝堂）の前に立って聴いている。外交を取り仕切る厩戸皇子の姿もそこには見えない。彼は推古の傍らに侍していたのだろうか。新羅・任那の使者たちの目から見れば、おそらく馬子こそ天皇に見えたに違いない。

推古天皇の礼讃を受ける

推古二十年（六一二）正月、春の予祝の宴が宮中で行なわれ、そこで馬子から天皇支配の永遠を言祝《ことほ》ぐ歌*が奏上された。馬子、六十二歳。それをうけて五十九歳の推古はつぎの寿歌をもって唱和したという。

真蘇我《まそが》よ　蘇我の子らは　馬ならば　日向《ひむか》の駒　太刀ならば　呉《くれ》の真刀《まさい》　諾《うべ》しかも　蘇我の子らを　大君の　使はすらしき（蘇我の者よ、蘇我の者よ。そなたらを馬にたとえれば、あの日向国の名馬。太刀でいえば、かの呉の名刀に匹敵しよう。かくも優れた人びとゆえに、大君が好んでお使いになるのも当然だ）

これは、推古の蘇我氏に対する全幅の信頼をあらわした詞章といってよい。馬子

＊言祝ぐ歌　「万代《よろずよ》にかくしもがも」「仕《つか》へ奉《まつ》らむ」などの詞章は後世の催馬楽《さいばら》にも受け継がれていった。

と蘇我氏は、飛鳥寺の造営という公共事業をみごとに成功させ、また、約二年前には蘇我氏の力を背景にした厩戸皇子の遣隋使外交によって「任那の調」も辛うじて確保しえた。推古が自身の出身母胎でもある蘇我氏をこのように手放しで礼讃しえたのは、天皇家に対する蘇我氏の絶大な貢献と奉仕があり、これが誰の目にも明らかだからであった。

さらに同年二月、推古の生母である堅塩媛《きたしひめ》を欽明天皇の檜隈大陵《ひのくまのおおみささぎ》に改葬するという儀礼が盛大に執り行なわれた。堅塩媛がいつ亡くなり、どこに葬られていたのか不明であるが、軽術《かるのちまた》（衢）において改葬儀礼の一環として、関係者によって誄《しのひごと》が相次いで読み上げられた。まず、阿倍内臣鳥《あへのうちのおみとり》により推古の誄が読み上げられ、ついで諸皇子らが順番に誄を奏上した。この諸皇子とはおそらく、蘇我系の皇子たちであったに違いない。その筆頭こそ厩戸皇子だったであろう。続いて中臣《なかとみの》宮処《みやどころの》連《むらじ》烏摩侶《おまろ》が馬子に代わって誄を読み上げ、最後に境部臣摩理勢が「八腹《やはらの》臣《おみ》」と呼ばれた数多くの蘇我氏同族を率いて、「氏姓《うじかばね》の本」おそらく蘇我氏の祖先系譜を奏上したとされる。

この時読み上げられた誄は、欽明と堅塩媛が檜隈大陵に合葬されることになった経緯と、欽明と堅塩媛それぞれの祖先系譜*が主たる内容だったと考えられる。この改葬儀礼を通じて、堅塩媛こそが欽明の正妻の地位にあることが確認され、あわせて、堅塩媛の実家である蘇我氏が天皇家にとって特別な存在であることが強調され

＊ 祖先系譜　中宮寺の天寿国繍帳銘には厩戸皇子（聖徳太子）とその妻（橘《たちばなの》大女郎《おおいらつめ》）の二人が欽明天皇に始まる天皇家と稲目に始まる蘇我氏の両方に所属することを示す系譜が見られる。この時読み上げられた祖先系譜もこれに類するものだったのであろう。

たといえよう。

堅塩媛が欽明の正妻であるということは、現天皇である推古の正当化につながる。他方、蘇我氏が天皇にとって特別であるとは、彼らがたんに天皇家の姻戚であり、現天皇の生母の実家であるというにとどまらない。仏法の主宰・管理を委ねられた蘇我氏が、天皇家の必要とする公共事業を推進してきた、その実績に対する評価に加えて、今後もそのような役割を引き続き果たしてくれることへの期待もそこには込められていたと見なければならない。

最期の日々—葛城県を要求する

このように天皇家の推古と蘇我氏の馬子との絶対的な信頼関係は、彼らの晩年にいたるまで継続した。馬子が最晩年（七十四歳）、推古に対して葛城県《かづらきのあがた》の拝領を願い出たのもそのような関係があったからに違いない。ただ、馬子が葛城県をもとめたのは、蘇我氏が世襲してきた大臣《おおまえつきみ》位の継承に関わる重大な問題であった。

蘇我氏の族長が大臣になることができたのは、この一族が葛城氏を受け継いでいると見なされていたからにほかならない。馬子は母を介して葛城氏の血脈を受け継いでいたのでまったく問題ないが、彼の子孫には葛城氏の血が馬子と同等に流れているわけではない。馬子とすれば、彼の後継者となる子孫がたとえ葛城氏の血を濃厚に受け継いでいなくても、それを補うに足りるものを遺しておかねばという意図があったのである。葛城氏の支配領域の中枢である葛城県が蘇我氏の所有下に入れば、これほどたしかな保証はないであろう。

しかし、馬子のこの願いはついに推古の許すところとはならなかった。推古は「今朕《われ》は蘇何（蘇我）より出でたり」といい、自身が天皇家と蘇我氏の両方に属することを意識しながらも、自分を介して天皇家の貴重な財産が蘇我氏に移動することは容認しがたいと考えたわけである。強烈なけじめ意識というべきであろう。ここで馬子の要請を許したならば、天皇家の財産はやがて外戚一族に際限なく流出しかねない。

馬子がこの世を去ったのは推古三十四年（六二六）五月である。享年は七十六*であったと伝えられる。『日本書紀』はつぎのように記す。

> 大臣薨《みう》せぬ。仍《よ》りて桃原墓に葬る。大臣は稲目宿禰の子なり。性《ひととなり》、武略《たけきたばかり》有りて、亦弁才《またわきわきしきこと》有り。以て三宝を恭《つつし》み敬ひて、飛鳥河の傍《ほとり》に家せり。乃《すなわ》ち庭の中に小《いささか》なる池を開《は》れり。仍りて小なる嶋を池の中に興《つ》く。故《かれ》、時の人、嶋大臣と曰《い》ふ。

馬子は、その邸宅内の庭園に池を造り、そこに嶋を浮かべたというのである。これが嶋大臣という彼の通称の由来となる。嶋は後世、この地の呼称となって長く伝えられる。馬子が造らせた嶋とは、中国の神仙思想において不老不死の理想郷*とされたもので、馬子は自身の肉体だけでなくその権力も永久に保たれることを願望していたのであろうか。

＊**享年は七十六**　『扶桑略記』第四、推古三十四年丙戌五月二十日条に見える。

＊**不老不死の理想郷**　蓬萊《ほうらい》山《さん》・方丈山《ほうじょうさん》・瀛洲《えいしゅう》と呼ばれ、中国から見て東海の彼方に浮かぶと考えられていた。

四　三代蝦夷

豊浦大臣―推古天皇に期待される

推古十八年（六一〇）十月、倭国にやって来た新羅・任那の使者を小墾田宮に迎えたおり、馬子の子、蝦夷は蘇我豊浦蝦夷臣《えみしのおみ》として登場する。彼は四名の「大夫《まえつきみ》」すなわち群臣の一人として庭中にあって両国の使者を出迎え、その奏上を大臣馬子に取り次いでいる。

『扶桑略記《ふそうりゃっき》』は、蝦夷が皇極《こうぎょく》四年（六四五）に誅殺された時、六十歳であったと伝える。この所伝がどこまで信じられるか不明であるが、これによれば彼は用明元年（五八六）の生まれだったことになる。父馬子が物部守屋との対決を目前にしていた時期である。とすれば、推古十八年当時、蝦夷は二十五歳。

蝦夷が馬子の跡を継ぎ大臣となったことについては、表面上大きな問題はなかったと見られる。もちろん、蝦夷は馬子のように葛城氏の血脈こそ直接的に継承してはいなかったが（蝦夷の母は物部氏出身）、それに匹敵する大きな後ろ盾があったからである。それは、蝦夷がほかならぬ推古天皇に早くから目を掛けられ、馬子の後継者として過大な期待を掛けられていたことであった。

推古は祖父稲目の邸宅を継承して豊浦宮《とゆらのみや》を営んだが、即位後およそ十年で小墾田《おはりたの》宮《みや》に遷ると、豊浦宮の跡地を蝦夷に下賜したと見られる。蝦夷は飛鳥の北端を限る豊浦に居館をかまえたので豊浦大臣・蘇我豊浦蝦夷などと呼ばれ、後に邸宅の近傍に尼寺（豊浦寺）を建立した。蝦夷の拠点となった豊浦の地は、推古を介して蝦夷の祖父にあたる稲目から受け継いだものだったといえよう。このように、蝦夷が葛城氏の血脈を直接的に相承していないにもかかわらず、馬子の後継者になることができたのは、豊浦宮の跡地の下賜という事実が端的に示すように、推古の強力な後押しがあったためと考えられる。

しかし、蘇我氏内部にあって馬子と同世代（その弟、または従兄弟）と見られる境《さかい》部摩理勢《べのまりせ》*は、蝦夷による蘇我氏族長と大臣位の継承に異議と不満を抱いたようである。それは、後述するように彼が推古の後継天皇をめぐり蝦夷と意見を異にし、蘇我氏の族長である蝦夷に反抗的な態度を取ったことからもうかがえよう。摩理勢が馬子の弟、しかも同母弟だったとすれば、彼も葛城氏の血脈を色濃く相承しているわけであり、その点において蝦夷よりも蘇我氏族長＝大臣となるのに相応しい存在だったことになる。

稲目→馬子→蝦夷と大臣の地位は父子直系で継承されているように見られるが、それはあくまで結果的にそのようになったのであり、それが最初から確定したコースだったわけではないのである。

推古女帝の遺詔を尊重する

推古三十六年（六二八）三月、推古天皇が七十五

＊ **境部摩理勢** 『日本書紀』舒明即位前紀には、蝦夷が摩理勢に「吾、汝《いまし》が言の非《よくもあらぬ》を知れども、干支《このかみおとと》の義《ことわり》を以て、害《やぶ》ること得ず」と告げたとあるので、摩理勢が蝦夷から見て尊属であったことがわかる。

歳で崩御した。この時、蝦夷は四十三歳になっていたはずである。

従来、天皇は次期天皇を指名することはできず、大臣によって統括された群臣たちが新天皇を推挙するという形で皇位は受け継がれてきた。しかし、推古は史上初めて、その意思によって新天皇を指名した。彼女は、亡夫敏達天皇の孫にあたる田村皇子を次期天皇に決定した*。舒明《じょめい》天皇である。

これは、皇后時代もふくめれば半世紀におよぶ彼女の執政経験と実績があったからこそ実現できたことだった。この時、推古は厩戸皇子の後継者である山背大兄《やましろのおおえの》王《みこ》（その母が馬子の娘。したがって、蝦夷の甥にあたる）に対して、今回は即位を見送るよう訓戒を垂れることを周到にも忘れていない。

推古のこの遺詔をうけ、群臣を統括する立場にあった蝦夷はいったいどのように対処したであろうか。これまでどおり、彼と群臣らで次期天皇を誰にするか話し合って決めるという選択肢もありえたはずである。しかし、蝦夷はあくまで推古の遺志を尊重する道を選んだ。

従来は大臣が内政・外交に関して天皇の指示や命令を受けると、それを群臣らに諮り、彼らの合意を取りつけた後に天皇の指示・命令を実施に移すというのが慣例となっていた。そこで蝦夷は、今回の場合もそれを踏襲し、推古の遺詔に正当性を付与してより確実なものにしようと考えたわけである。蝦夷としては、自分に期待を掛けてくれた推古の遺志を最大限に尊重せざるをえなかった。

＊ **次期天皇に決定**　『日本書紀』推古三十六年三月壬子条によれば、推古は田村皇子に対し「天位《たかみくら》に昇りて鴻基《あまつひつぎ》を経《おさ》め綸《ととの》へ、万機《よろづのまつりごと》を馭《しら》して黎元《おおみたから》を亭育《やしな》ふことは、本より輙《たやす》く言ふものに非《あら》す。恒に重みする所なり。故《かれ》、汝《いまし》慎みて察《あきらか》にせよ。軽《かるがる》しく言ふべからず」と告げたとある。

同年九月、推古の葬礼が滞りなく終わった後、推古の遺詔に対する群臣らの合意を形成するために、豊浦にあった蝦夷邸*に彼らが召集された。これは、前天皇によって決められた新天皇を群臣らが事後承認するという、皇位継承の手続きの史上最初の事例となった。

推古の遺詔にしたがい当初より舒明推戴でよいとしたのは、大伴連《おおとものむらじ》鯨《くじら》、采女臣《うねめのおみ》摩礼志《まれし》、高向臣《たかむくのおみ》宇摩《うま》、中臣連《なかとみのむらじ》弥気《みけ》、難波吉士《なにわのきし》身刺《むさし》らであった。他方、許勢臣《こせのおみ》大麻呂《おおまろ》、佐伯連《さえきのむらじ》東人《あずまひと》、紀臣《きのおみ》塩手《しおて》の三名が、推古の遺詔に反して山背大兄の即位を主張したという。蘇我氏の同族の蘇我倉麻呂《くらのまろ》（別名、雄当《おまさ》）はこの場にありながら回答を保留した。同じく蘇我氏同族の境部臣摩理勢はこの場に欠席していたが、蝦夷から事前に意見を問われて山背大兄を推挙している。

山背大兄の説得に努める

この時、斑鳩宮《いかるがのみや》にあった山背大兄が、伯父蝦夷邸における群臣合議の結果を伝え聞くと、それに対して異議を唱え、彼が直接聴いたという推古の遺詔を根拠に自身の即位を主張し始めることになる。彼は、亡父の厩戸皇子が即位を待望されながらそれを果たせなかったこともあり、自身の皇位継承を強く望んでいたのである。山背大兄がこのような強硬手段に出たということは、蝦夷が自邸に集めた群臣らの意思を舒明推戴で一本化することに成功していたと見なければならない。

これ以後、蝦夷は群臣らを何度も斑鳩宮に遣わし、山背大兄を懇切に粘り強く説

＊豊浦にあった蝦夷邸　豊浦寺跡（向原寺）の北にある古宮遺跡（土壇）の一帯がその有力候補。

得することに努めている。そこで繰り返されたのは、舒明擁立をめぐっては「其れ唯《ただ》遺勅をば誤らじ。臣《やつかれ》が私の意《こころ》には非ず（先帝の遺詔を誤って解釈してはなりません。それがしに恣意などありません）」との主旨であった。蝦夷は山背大兄の将来における即位を否定してはいなかったから、山背大兄も最終的には蝦夷の説得に応じざるをえなかった。

次期天皇は山背大兄がよいとしていた摩理勢は、その後、蝦夷と決裂、最終的に蝦夷により討たれることになる。それゆえ蝦夷は、山背大兄を次期天皇にと望む急先鋒、摩理勢を倒すことによって、ようやく舒明の即位を実現できたといわれてきた。だが、蝦夷が舒明を後押ししたのは、あくまでそれが推古の遺志だったからであり、蝦夷の恣意や独断によるものではなかったことに留意せねばならない。

蝦夷が摩理勢を討つという果断な措置を取ったのは、摩理勢が激情にまかせ、蘇我氏の前族長である馬子の墳墓造営への一族そろっての奉仕という義務を放棄し、結果的に蘇我氏の結束を揺るがす背反行為に走ったためであった。蘇我氏の新族長蝦夷とすれば、摩理勢のこのような暴挙を見のがしたのでは蘇我氏の結束が保てないことになってしまう。摩理勢が滅ぼされたのは皇位継承問題とはまったく別次元の蘇我氏の内部問題が原因だったと考えられる。

以上のように、蝦夷は父馬子の跡を継いで大臣となって間もなく、目を掛けてもらった推古の遺詔を一貫して遵奉し、群臣らを巧みに統括しながら、皇位継承に関してまったく新たな手続きをふんで舒明の擁立を実現することに成功したのである。蝦夷は偉大な父に較べると、リーダーシップという点で見劣りするといわれるが、そのような非難はまったくあたらないと思われる。

舒明の王権確立に尽力する

以上見たように、推古女帝のお蔭で蘇我氏の族長となり、大臣位を受け継ぐことができた蝦夷は、推古が指名した舒明天皇の即位を実現した。舒明の在位はおよそ十三年におよんだが、その間、蝦夷は一貫して舒明の天皇権威の確立に努めたといってよい。

まず、舒明二年（六三〇）十月、舒明は飛鳥岡本宮《あすかのおかもとのみや》に遷り、ここを拠点に定めている。これがいわゆる飛鳥の中心部に造営された最初の王宮となった。天皇家が必要とする大型公共建造物の造営を主宰していたのが蘇我氏だったことを思えば、その族長で大臣の地位にある蝦夷が飛鳥岡本宮の造営を取り仕切ったことは容易に推察される。飛鳥の地に王権の拠点を築くことは、今は亡き馬子と推古の悲願であったから、馬子の息子であり推古に将来を嘱望されていた蝦夷とすれば、舒明の王宮を飛鳥に営むことはまさに本懐というべき一大事業だったといえよう。

さらに、この前後、蝦夷は馬子の邸宅を宮殿に改造し、これを嶋宮として舒明の生母糠手《あらて》姫皇女《ひめのみこ》*の居所として提供したようである。やがて、舒明天皇のキサキ、宝皇女（後の皇極天皇）の母である吉備姫王《きびのひめみこ》*もこの嶋宮に住まうようになる。天皇の生母の居所を王宮の近傍に壮麗に築くというのは、天皇の権威を誇示するのに大い

＊ **糠手姫皇女**　敏達天皇の皇女で母は伊勢大鹿首小熊《いせのおおかのおびとおぐま》の娘の菟名子《うなこ》。「嶋皇祖母命《しまのすめみおやのみこと》」と呼ばれる。

＊ **吉備姫王**　欽明天皇の子、桜井皇子の娘。「吉備嶋皇祖母」と称された。

に役立ったに違いない。

同年八月には犬上三田耜《いぬがみのみたすき》（御田鍬）と薬師恵日《くすしえにち》*が中国で隋に取って代わった唐に遣わされている。第一次遣唐使である。朝鮮三国は隋帝国があっけなく滅び去ると、すぐさま唐に朝貢《ちょうこう》の使いを送ったが、倭国のみは著しく出遅れたのである。それは、唐帝国が発足したといっても、中国各地に軍閥が割拠する内戦状況がなお続いていたから、倭国としては中国情勢を慎重に観察していたのではないかと見られる。倭国の遣唐使は、遣隋使時代と同様、中国に朝貢するが冊封《さくほう》は拒むという独自の外交方針を取り続けた。

中国との外交は、かつて蘇我系の厩戸皇子が主管していたように、蘇我氏が主宰する公共事業の一環であったから、遣唐使の計画・実施も蝦夷や蘇我氏の協力が不可欠だったはずである。そして、中国に朝貢すれども冊封は受けずという倭国の独自のスタンスは、東北アジアにおいて倭国王たる天皇の権威を高めることになったと考えられる。遣唐使の派遣も、蝦夷による舒明の王権確立に寄与したことは間違いない。

ところが、舒明八年（六三六）六月、舒明の天皇権威の象徴というべき飛鳥岡本宮が焼失してしまう。時に蝦夷は五十一歳。蝦夷とすれば、同地に王宮の再建を企てたはずであるが、舒明には期するところがあったのであろう、同じ場所に再び王宮を築くことを直ちに宣言しようとはしなかった。

---

* **薬師恵日**　『日本書紀』推古三十一年七月条によると、「且《また》其の大唐国は、法《の》式《り》備《そなわ》り定《さだま》れる珍《たから》の国なり。常に達《かよ》ふべし」と建言したという。

その翌月、天皇家の長老格であった大派王《おおまたのみこ》*が蝦夷に対し、朝参の時刻について卯の始（午前六時）に出仕し、巳の後（午前十時）に退出すべしと提唱を行なった。蝦夷はこれを黙殺したというが、それは朝参の対象である王宮が焼失したのであるから、その再建こそが先決という政治的判断があったためと考えられよう。

舒明は、飛鳥以外の土地に自身の王宮を建設したいと考えていたようである。舒明十一年（六三九）七月、舒明は百済川《くだらがわ》のほとりに宮殿と寺院を並び建てるとの計画を公表する。これがいわゆる百済大宮と百済大寺*であった。百済大寺は後に高市《たけち》大寺、大官大寺《だいかん》を経て、大安寺《だいあんじ》に発展していくことになる。舒明がこだわった百済川のほとりは、舒明の祖父敏達天皇ゆかりの地*であった。舒明としては自身が敏達に連なる正当な天皇であることを強調・誇示したかったのであろう。

これに関しては、舒明が蝦夷や蘇我氏に逆らい、独自の路線を歩もうとしたのではないかといわれることが多い。たしかに『日本書紀』では、蝦夷や蘇我氏が百済大宮・百済大寺の造営に直接関与したとは書かれていない。しかし、この前後、蝦夷や蘇我氏の協力や奉仕なくして大型公共建造物を造営することは不可能だったはずである。その意味で百済大宮や百済大寺の造営に蘇我氏がまったく関与していなかったとは考えがたい。

ただ、詳しくは後述するように、蝦夷・入鹿が乙巳《いっし》の変により滅んだ直後、即位早々の孝徳天皇が、蘇我氏に代わり今後は天皇家が仏法の管理を主宰することを宣

---

* **大派王**　敏達天皇の皇子。母は春日《かすが》氏の老女子《おみなこ》夫人。天皇家の長老的存在。

* **百済大寺**　桜井市吉備にある吉備池廃寺がその有力な候補。東に金堂、西に巨大な塔跡、それらを取り囲む回廊が確認されている。

* **敏達天皇ゆかりの地**　敏達は最初、百済大井宮、次いでその近傍に訳語田幸玉宮を営んでいる。

忍阪段ノ塚古墳（舒明天皇陵）

言、寺院造営の主導を高らかに宣していることから考えれば、舒明は天皇家が直接仏法を管理するという方向性をいち早く示そうとしたという可能性も考えられないことはない。

百済大宮は舒明十二年（六四〇）十月には完成したようであるが、翌年十月、舒明は百済大寺の完成を見ることなく百済大宮で崩御する。蝦夷は五十六歳であった。舒明は仮埋葬の後に忍阪《おしさか》段ノ塚古墳（奈良県桜井市）に埋葬されることになる。これは天皇陵としては初めて採用された巨大な八角形墳*であり、蝦夷と蘇我氏の協力なくしてその造営は困難だったといわざるをえない。

二人目の女帝を擁立する

翌年（六四二）正月、舒明の皇后だった宝皇女が即位、ここに史上二人目の女帝、皇極天皇が誕生した。彼女は蘇我氏とは直接の血の繋がりはなかったが、宝という名前からすれば、蘇我氏の同祖同族である江沼財《えぬのたから》氏（若子宿禰《わくごのすくね》の後裔氏族）出身の女性により育てられた可能性が高いと考えられる。

前天皇による新天皇の指名はすでに推古の時に先例として開かれていたから、皇極擁立は舒明の指名（遺詔か）によるものと見られよう。舒明はおそらく、推古の前例にならって、皇極の皇后時代の政治的経験と実績を評価して彼女を次期天皇に決定したに違いない。

他方、山背大兄王は自身の皇位継承を強く望んでいたが、再び皇位は彼の前を通り過ぎる結果となった。舒明とすれば、将来的に敏達天皇に始まる自身の皇統によって皇位を受け継いでいくためにも、皇極の即位が妥当と判断したようである。山背大兄は敏達の異母弟である用明天皇の系統ということもあって、即位が見送られたといえよう。

蝦夷は、舒明の擁立時と同様に、舒明の遺詔を群臣らの合意によって正当化し、皇極の天皇推戴を実現したものと見られる。この時、蝦夷は五十七歳。神ならぬ身、このわずか三年後に自身の死が迫っているとは知るよしもない。

＊**八角形墳**　天皇の権力を讃美した「やすみしし　わが大君」の表現に見られるように、八角形は天皇支配が四方八方へと無限に拡大することを象徴する造型と考えられている。寺院の八角塔がモデルとなった可能性もある。

この皇極即位の年、『日本書紀』は、蝦夷が葛城の高宮に「祖廟《おやのまつりや》」なる祭祀施設を営み、そこで中国では天子にしか許されぬ集団舞踏、「八佾の儛《やつら》*」をもよおしたとする。さらに、国中の民を動員して今来《いまき》の地に蝦夷・入鹿父子の墳墓を造営させたとも伝える。これがいわゆる「今来の双墓《ならびのはか》」であり、蝦夷の墓を「大陵《おおみささぎ》」、入鹿の墓を「小陵《こみささぎ》」と呼ばせたことは有名であろう。この時、厩戸の子孫に受け継がれていた「上宮《かみつみやの》乳部《みぶ》の民」も徴発したので、山背大兄の異母姉妹でその妻、上宮大娘姫王《いらつめのみこ》*（春米《つきしね》女王）が猛抗議を行なったとされる。

以上はすべて皇極元年の出来事とされているが、蝦夷らの専横を伝える記事は、蘇我氏が滅ぼされた必然性を強調するために、多分に誇張が加えられており、あえてこの位置にまとめて書かれた可能性も否定できない。皇極の治世における出来事と考えておけばよいであろう。

蝦夷が「祖廟」を営んだ葛城の高宮は、天皇家の直轄地の一つ、葛城県の中心部であったから、ここに蘇我氏の祖先を祭る施設を造営することができたのは、皇極が葛城県を蝦夷に下賜するのを許可した結果と見なしてよい。亡き馬子の念願はここにかなえられたわけであり、蘇我氏の族長はこれ以後、葛城氏の血脈を継承しているかどうかに関わりなく、葛城氏本流の継承者であることが確証されることになったのである。

では、推古がついに許さなかった蘇我氏による葛城県の領有を皇極が容認するに

＊「八佾の儛」　『論語』によれば、魯国の重臣、季孫氏が身分をわきまえず行なったことが孔子により批判されたことで有名。だが、季孫氏は天子に准ずる処遇を認められた魯国君主の有力な分家であった。

＊上宮大娘姫王　上宮とも呼ばれた斑鳩宮を山背大兄王とともに相続・領有したことからこのように称された。母は膳《かしわで》氏の出身。

いたったのはどうしてだろうか。推古自身が蘇我氏の血脈を受け継ぐ天皇であったから、天皇家と蘇我氏の間のけじめを殊更に意識したということもあったであろう。これに関して考えられるのは、蝦夷が皇極のため一族をあげて公私にわたる奉仕を惜しまなかったことである。

まずは皇極元年九月、蝦夷は皇極の命を受け近江と越《こし》（滋賀県と北陸一帯）の丁《よほろ》（成人男子の労働力）を徴発して百済大寺の造営を行なった。これは皇極が舒明の遺志を実現しようとしたもので、蝦夷はそれを積極的に支援したことになる。また同月、蝦夷は皇極の命により飛鳥板蓋宮《あすかのいたぶきのみや》の造営も開始している。年内完成をめざすために、東は遠江国《とおとうみ》（静岡県西部）、西は安芸国《あき》（広島県西部）の間の諸国から広範に人民が動員されている。

さらに、これ以前、蝦夷は皇極の生母吉備姫王（欽明天皇の孫、桜井皇子の娘）のために亡父馬子の邸宅を嶋宮として提供していたが、皇極二年九月、吉備が亡くなる。彼女は檀弓岡《まゆみのおか》に葬られたが、この墳墓は欽明天皇陵に隣接するカナヅカ（平田岩屋）古墳と見られ、この巨大な方墳は蝦夷や蘇我氏が造営にあたったと考えられる。

皇極としては、先帝舒明以来の蝦夷と蘇我氏の奉仕と献身があったので、彼らが切望してやまぬ葛城県の下賜を認可せざるをえなかったのであろう。葛城氏の血脈の継承が蘇我氏族長の権威の源泉であってみれば、葛城氏の権力を象徴する葛城県への蘇我氏の欲求を無視し続けることは困難だったのである。

入鹿への「禅譲」を決断する

皇極二年（六四三）十月、五十八歳を迎えていた蝦夷は、息子入鹿に早々と「禅譲」することになる。蝦夷は病のために朝廷に出仕できなかったので、その一存により蘇我氏の族長位を象徴する紫冠をひとまず入鹿に授け、彼を仮の大臣とした。紫冠は天皇が授ける冠位十二階*とは別系統であり、蘇我氏の次期族長を誰にするかは族長たる蝦夷の専権事項であったから、蝦夷は天皇の大臣任命権を侵害しているわけではない。

だが、それにしても大臣はこれまで終身の地位だったので、やはり今回の「禅譲」は異例の事態である。実際に蝦夷に癒しがたい持病があったにせよ、それはあくまで口実にすぎなかったであろう。蝦夷は蘇我氏の族長位と大臣の座を虎視眈々《こしたんたん》と狙う身内を牽制する狙いがあって、この強硬手段に訴えたと見なすべきではないだろうか。

その人物とはほかでもない蘇我倉山田石川《くらのやまだのいしかわの》麻呂《まろ》であったと思われる。彼の個人名は麻呂であり、蘇我氏のなかでも倉に関わる職務に関わり、後の河内国石川郡の山田に拠点をおく蘇我氏の分家の長であった。この蘇我倉氏は後に石川氏に改姓することになる。

麻呂は馬子の孫であり、倉麻呂（別名、雄当《おまさ》）という人物の息子であったというのが通説である。推古女帝の後継をめぐる合議の席で独り回答を保留した「蘇我倉麻呂臣」がこの倉麻呂本人と見られている。そうならば、その子の麻呂は蝦夷の甥、

＊**冠位十二階**　推古十一年（六〇三）十二月に制定され、翌年正月に施行。後の三位以上に相当する上位豪族を除いた階層に授与された身分標識。

入鹿の従兄弟という間柄になる。

しかし、「蘇我倉麻呂臣」とは「蘇我の倉麻呂の臣」ではなく「蘇我の倉の麻呂の臣」であって、倉麻呂という個人名の人物がいたわけではない。「蘇我倉麻呂臣」とは蘇我倉山田石川麻呂その人にほかならず、その異称が雄当といったのである。ところが、後世の系譜類はすべて倉麻呂＝雄当と見なし、馬子の息子で麻呂の父にあたる人物をつくり出してしまった。その結果、蘇我倉山田石川麻呂は馬子の孫ということになったが、実際はそうではなく、彼は馬子の息子で、蝦夷の異母弟にあたると考えるべきである。

この麻呂に率いられた蘇我倉氏が河内国の石川を勢力基盤としたのは、彼が母親の一族の基盤を受け継いだためと見なすのが妥当であろう。石川の地には渡来系の有力集団が多数集住していたことからすれば、馬子とこの地域の有力な渡来系集団の娘とのあいだに生まれたのが麻呂だったことになる。

蘇我倉氏は、蘇我氏の主宰する公共事業を支えた渡来人集団のうち、百済系書記官のながれをくむ倉氏や倉人を配下として、天皇に対する内外からの貢納とその情報を管理していたと見られる。ウジナにふくまれる倉とはこのような職掌を示していた。後に麻呂が入鹿暗殺の場面で朝鮮三国の上表を読み上げているのも、その内容は朝鮮半島からの朝貢品のリストであったと思われ、天皇の倉に納められる品々を登録・管理し、その成果を天皇に報告するのがこの家系の長たる麻呂の任務だったのであろう。

蘇我氏の祖先系譜のうち蘇我石河宿禰とそれに続く三代は、前に述べたように、もともと麻呂に始まる蘇我倉氏の系譜としてつくられたもので、満智《まち》・韓子《からこ》・高麗《こま》のように朝鮮半島風の名前をもつ人物が見えるのは、麻呂の母方が渡来系であることを反映しているようである。蘇我氏の本家・本流は渡来系ではありえないが（その証拠や痕跡は今のところない）、蘇我倉氏、後の石川氏は渡来系の可能性が極めて高いと思われる。後述するように入鹿暗殺の場面に麻呂は居合わせたが、同じく同席した蘇我系の古人大兄《ふるひとのおおえ》皇子が入鹿殺害に加担したと名指しした「韓人《からひと》」*とは麻呂その人だったのではあるまいか。

先に見たように、境部氏が蝦夷によって滅ぼされた後、蘇我氏のなかで急速に本家に迫る勢力を築いていたのが蘇我倉氏であり、その長であり馬子の子である麻呂は蝦夷の後継者とされても遜色のない存在となっていた。麻呂が舒明の治世末期、飛鳥の北東端に造営を始めた山田寺（浄土寺）は実にその権勢と財力を象徴するものだったといえよう。

それにもかかわらず、蝦夷はこの異母弟の存在を抑え込みたいがために、息子を強引に次期族長に据えるという強硬手段に打って出た。それが、結果的に蘇我氏族長の望みを断たれた麻呂を蝦夷・入鹿父子に敵対する勢力のもとに走らせることになる。そして、これが後々、蘇我氏権力の分裂・瓦解につながっていく最大の要因

＊「韓人」『日本書紀』は「韓人、鞍作臣（入鹿のこと）を殺しつ」という古人大兄の言葉について、入鹿が「韓政に因りて誅《つみ》せらるるを謂ふ」と説明するが、無理がある。

となってしまうのである。

五　四代入鹿

「物部大臣」―蘇我・物部両氏を受け継ぐ

入鹿の生年はわからない。彼がかりに蝦夷三十歳の時の子とすれば、推古二十三年（六一五）の誕生である。蝦夷から「禅譲」された時点で二十九歳だったことになる。

入鹿は「林太郎」「林入鹿」などと呼ばれているので、入鹿の母、すなわち蝦夷の妻にあたる女性は林氏*（武内宿禰の息子、波多八代宿禰《はたやしろのすくね》の後裔氏族）の出身であったと見られる。したがって、入鹿は蝦夷と同様、祖父馬子に較べれば葛城氏の血脈を受け継ぐ度合いが薄くなっている。その限りにおいて、入鹿は蘇我氏の族長＝大臣となりうる絶対的な資格をもっていたわけではなかった。蝦夷が異例の族長位の生前譲渡にふみ切ったのも、このような事情が関係しているのであろう。

他方、『日本書紀』皇極二年十月壬子条には、先に見た蝦夷から入鹿への「禅譲」を記した後につぎのような注目すべき記述がある。すなわち、入鹿の弟は「物部《もののべ》大臣《おおまえつきみ》」と呼ばれていたが、それは彼の祖母（馬子の妻、蝦夷の母）が物部守屋の妹

＊林氏　河内国志紀郡の拝《はや》志《し》郷（藤井寺市林付近）がその本拠。

であり、その祖母の財産のお蔭で世に勢威を誇ったからというのである。

だが、入鹿に弟がいたという伝えはない。また、たとえ入鹿に名前の伝わらない弟があったとしても、大臣になっていない人物が通称とはいえ「大臣」と称されるのは不審であろう。弟の字は邸宅を意味する第字の誤写と見なすのが妥当とすれば、「物部大臣」とは入鹿自身の通称にほかならず、入鹿は物部氏出身の祖母から邸宅を財産として相続しており、それが権勢の源といわれていたわけであろう。

入鹿は鞍作《くらつくり》とも呼ばれていたというが、これは司馬達等《しばたっと》に始まる渡来系の鞍作氏との関係が考えられる。他方、物部氏の勢力圏であった河内国渋川郡には鞍作の地*があり、ここには物部氏の拠点となる建物があったようである。入鹿が祖母から継承したという邸宅はこの鞍作にあった可能性が高いのではあるまいか。

このように入鹿は、蝦夷の御曹司として蘇我氏族長の有力候補と目されていたが、他方で物部氏の主要な財産の継承にも関与していた。また、彼は「林太郎」「林入鹿」とも呼ばれ、おそらく母を介して林氏とも関係が深かったようである。その入鹿が結果的に蘇我氏の族長位を継承して大臣に就任することになったのは、彼から見れば叔父にあたる蘇我倉山田石川麻呂を是が非でも抑え込もうとする蝦夷の強固な意思があったことはすでに述べた。そして、公私にわたり蝦夷から奉仕を受けていた女帝皇極も、後述するように、入鹿を信任して極めて重大な使命を下していることからいって、入鹿への「禅譲」を支持する立場にあったのではないかと考えら

＊**鞍作の地**　『聖徳太子伝暦』が引用する「本願縁起」は、没収された守屋の所領が河内国では弓削《ゆげ》・鞍作・祖父間《おじま》・衣摺《きぬずり》・蛇草《はくさ》・足代《あじろ》・御立《みたち》・葦原《あしはら》にあったと伝える。

れる。

「宗我太郎に並ぶ者なし」—つくられた入鹿のイメージ

入鹿といえば、多くの人が想起するのが『家伝《かでん》』上（「鎌足伝」）に見えるつぎのエピソードであろう。

かつて重臣の子弟はみな、僧旻《そうみん》法師の学堂に集まり『周易《しゅうえき》』*の講義を聴いていた。ある日、大臣（中臣鎌足《なかとみのかまたり》）が遅参すると、鞍作（入鹿）は対等の礼をもって隣席に迎えた。講義が終わった後、僧旻は大臣に対し、「我が学堂に出入りする者で宗《そ》我《が》太郎（入鹿）に並ぶ者はおらぬ。されど、そなたの智謀・人相は尋常でなく、太郎に勝るとも劣らぬ。どうか将来を期して自愛なされよ」とひそかに告げたというのである。

中大兄皇子（後の天智天皇）とともに入鹿を討つことになる藤原氏の始祖、鎌足を顕彰するのがねらいの「鎌足伝」のなかで、入鹿はどのように悪人として誇張されてもおかしくはない。それなのにこのように学堂の秀才として称讃されているのは、それが事実として否定しようのない情報だったからではないかと考えられている。この一片の記述をもとに入鹿は稀代の俊秀だったと誰もが信じて疑わない。

しかし、「鎌足伝」を著わした藤原仲麻呂《なかまろ》（不比等《ふひと》の孫、武智麻呂《むちまろ》の子。後の恵美押勝《えみのおしかつ》）が、曾祖父鎌足を顕彰するにあたり、鎌足を自身になぞらえ、鎌足の周辺の人物については仲麻呂の同時代の人物をモデルにして描く傾向がみとめられることは無視できない。その典型は皇極女帝を仲麻呂の叔母、光明皇太后になぞらえている*

*『周易』 易経《えききょう》とも。儒教の経典の一つ。卜筮《ぼくぜい》を主とする。僧旻がこれを講じたことは、彼がたびたび天文を占ったとされることと符合する。

* 光明皇太后になぞらえている 「鎌足伝」は皇極女帝に関して「皇后、朝に臨み、心に必ずしも安からず」と述べ、彼女が皇后の地位のままで正式に即位していなかったと描いており、これは聖武天皇の譲位後に実権を握った光明皇太后がモデルにされていると見られる。

くだりであろう。そもそも僧旻の学堂という設定も、中大兄と鎌足が蘇我氏打倒の密議をこらすため渡来系の南淵請安《みなぶちのしょうあん》の塾に足繁く通ったという『日本書紀』に見える話をもとにしているようである。

そして、入鹿に関しては、かつては仲麻呂と机を並べて勉強するほどに親しい間柄にあったが、後年は仲麻呂と敵対、ついには仲麻呂によって討たれることになる橘奈良麻呂《たちばなのならまろ》がモデルにされていると見られる。彼は仲麻呂の従弟にあたり（仲麻呂の父と奈良麻呂の母が兄妹）、大伴氏や佐伯氏を糾合して仲麻呂を打倒しようとするが失敗して獄死している（橘奈良麻呂の変）。「鎌足伝」のなかで入鹿は山背大兄王の討滅を前に「焉《いずくん》ぞ乱無けむ」といったとされるが、他方、奈良麻呂は「恐るらくは、変有らむか」といい、いずれも内乱の勃発を危惧するという趣旨の発言をしたことになっている。

このように修飾・誇張の多い「鎌足伝」の記述から、入鹿が稀に見る秀才だったと断定することは控えねばならないであろう。

山背大兄一族を滅ぼす

蝦夷から蘇我氏の族長位を譲り受け、皇極から正式に大臣に任命された入鹿が取った最初の行動が斑鳩宮に住む山背大兄王の襲撃であった。皇極二年（六四三）十一月、入鹿は配下の巨勢徳太《こせのとこた》と土師娑婆《はじのさば》某（一説に倭馬《やまとのうま》飼《かい》某）を将軍として斑鳩宮に差し向け、山背大兄とその一族を襲撃させた。入鹿は山背大兄を亡き者にして、代わりに舒明天皇の皇子の古人大兄《ふるひとのおおえ》（母が蘇我馬子の娘、

南淵請安の墓

法提郎媛《ほほてのいらつめ》）を次期天皇に擁立しようとしたという。山背大兄はひとたび生駒山《いこまやま》に難を逃れたが、やがて斑鳩宮に隣接する斑鳩寺*にもどり、そこで一族ともども自害を遂げた。

　これは、蘇我氏の血を受け継ぐ古人大兄の即位をめざした入鹿が「独り謀りて」断行されたと『日本書紀』に描かれている。この事件により入鹿と蘇我氏に対する反発が一気に高まり、約一年半後に起きた政変によって蘇我氏本家は転覆する結果になったというわけである。

　しかし、「独り謀りて」の「独り」とは、大臣の行為について説明した文脈で使われた場合、天皇の命を受けた大臣がそれを配下の群臣らに諮ることなく、大臣の一存で実行に移すことを意味した（舒明擁立のさいの蝦夷の言動を参照）。したがって、入鹿が山背大兄とその一族を襲撃して彼らを白殺に追い込んだのは、入鹿の独断による行動ではなく、時の天皇である皇極女帝の命を受けて断行されたものだったと考えるべきなのである。

　事件の背景としては、先に見たように、蝦夷・入鹿が国中の人民を総動員して彼らの墳墓を今来に造営したさいに、山背大兄一族の私有民である「上宮乳部の民」*をも徴発したため、山背大兄らとのあいだに確執・紛争が生じたという一件が注意される。この対立は山背大兄一族と蘇我氏との間に発生したことになっているが、そうではあるまい。「上宮乳部の民」もふくめて国内の人民の総動員を許可したのは、

＊**斑鳩寺**　法隆寺東院伽藍の一帯にあった斑鳩宮の西に隣接して建立された寺院（いわゆる若草伽藍）。天智九年（六七〇）年に火災により焼失したとされる。

＊**「上宮乳部の民」**　厩戸皇子にあたえられた壬生郡にこの一族の称号である上宮が冠せられたもの。

蝦夷と蘇我氏の奉仕・献身を評価した皇極その人だったはずである。したがって、対立はむしろ皇極と山背大兄一族との間にあったと見なすのが妥当であろう。

では、皇極はいったい何をめぐって山背大兄らと対立を深めていたというのであろうか。彼女が入鹿にその討滅を命ずるほどの切迫した事情とはいかなるものであろう。

考えられることとしては、舒明の遺詔により即位したと見られる皇極は、舒明や彼女自身が連なる敏達系による皇位継承の独占をめざしていたはずであるから、用明系というべき山背大兄とその一族はそれを脅かす危険な存在だったことである。さらに、天皇でもない山背大兄が、天皇になることを予定されていた厩戸皇子の宮殿（斑鳩宮）とその経済基盤「上宮乳部の民」を継承していることも大きな脅威だったに違いない。皇極ができるならばそれらを奪取し、彼女が継承した王権をより強固なものにしようと企図したとしても不思議ではあるまい。だからこそ皇極は、新たに大臣に任命した入鹿の自身への忠誠心をたしかめるためにも、斑鳩宮襲撃という非常命令を彼に下したと考えられる。入鹿はその特命を忠実に実行し、それをみごとに成功させたのである。

事件の翌年、皇極三年（六四四）十一月、蝦夷・入鹿は甘檮岡《あまかしのおか》に邸宅を築き、蝦夷邸を「上の宮門《みかど》」、入鹿邸を「谷《はさま》の宮門」と呼ばせたと『日本書紀』は記す。これも蝦夷・入鹿父子の「今来の双墓」の件と同様に蘇我氏が滅ぼされた必然性を説

甘樫丘から見る飛鳥寺

くために誇張が加えられた記事であるが、いわゆる甘樫丘に蝦夷・入鹿の邸宅が造営されたこと自体は否定できない。だが、前後の状況からいうならば、これは、入鹿が皇極のめざす王権強化に貢献する手柄をあげたことに対する褒賞としてあたえられたものだったのではないかと見られる。

たしかに、丘の上に造営されたという蝦夷邸から見るならば、飛鳥寺や飛鳥板蓋宮はその眼下にあったであろう。はるか後年、藤原氏はその氏寺たる興福寺を平城京の東端の丘陵上、天皇の平城宮を見下ろすかのような位置に建立した。だが、それがあくまで天皇家の容認があったことを思えば、蘇我氏の場合にも、天皇家の認可、この時は皇極女帝の諒解があったと考えてしかるべきであろう。

他方、入鹿や蘇我氏が次期天皇として嘱望した古人大兄であるが、彼は約一年半後、入鹿暗殺のおりに朝鮮三国の使者を前にして皇極の傍らに侍している。このことから見れば、古人大兄はこれ以前すでに次期天皇の座を確約されていたことになろう。いわゆる三韓進調の儀式は、古人大兄の次期天皇としての御披露目だった可能性がある。彼が晴れて次期天皇としてみとめられるようになったのも、入鹿による山背大兄討滅が皇極によって評価された結果だったのではないかと見られる。

乙巳《いっし》の変―蝦夷・入鹿はなぜ滅ぼされたか

このように入鹿は、蝦夷を受け継ぎ新大臣として時の天皇への奉仕・献身を惜しまぬ立場にあり、その全幅の信頼を勝ち得ていたのである。政変による突然の死はまったく思いもよらぬ事態だったに違いない。

入鹿は、皇極四年（六四五）六月十二日、飛鳥板蓋宮で行なわれた朝鮮三国の朝貢の儀式の場で突如襲われて殺害され、翌日には蝦夷も抵抗らしい抵抗もせずに討たれ、ここに四代にわたった蘇我氏の本家は滅び去った。そして、蝦夷・入鹿から見れば分家・傍流にすぎなかった蘇我倉山田石川麻呂はこの政変に加担して

入鹿首塚

おり、蘇我氏本家の座は彼のもとに移ることになったのである。

『日本書紀』に強調して描かれているように、蝦夷・入鹿が天皇家に取って代わろうとしたために滅ぼされたとは、到底鵜呑みにできない筋書きであろう。また、この時期、唐帝国の勃興・膨張にともない朝鮮三国で政変*が頻発しており、乙巳の変もその一例、一類型であったという見方も、たしかにそのとおりなのであるが、それだけでは事件の本質にふみ込んだ十分な説明とはいいがたい。

『日本書紀』が政変の首謀者を中大兄皇子と中臣鎌足としているのは、その編纂段階において天智天皇と藤原鎌足がその当時の天皇の血統的な権威*のみなもとと認識されていたことが関係しているようである。二人が政変に加担していたことは否定できない。だが、彼らが中心人物とされているのは、乙巳の変と呼ばれる政変を王権と藤原氏との結合にもとづく画期的な事件として位置づけようとの意図によるものと考えられる。

乙巳の変の中心人物に関しては、この政変によりいったい何が実現したかという歴史の結果から問い直してみる必要がある。蝦夷・入鹿の滅亡を機に、次期天皇の座が確定していたと見られる古人大兄が強制的に出家*させられ、皇位継承権を事実上放棄させられていることが注目される。蘇我氏は「古人大兄天皇」の最大の支援勢力になるはずであった。この点から見れば、それを武力で倒すとは何よりも古人大兄の即位を阻止するのが最大の目的だったと考えられよう。

＊ **朝鮮三国で政変**　六四二年、高句麗では泉蓋《せんがい》蘇文《そぶん》が政変を起こし、栄留（建武）王や反対派の貴族を多数殺害した。同年に百済でも王位継承をめぐり政変が発生したという。

＊ **天皇の血統的な権威**　『日本書紀』編纂の最終段階に皇太子の地位にあった聖武天皇は父系で天智、母系で天智により創始された藤原氏の血統を受け継いでいることがその正当性の根拠とされていた。

＊ **強制的に出家**　『日本書紀』はこれを蝦夷が誅殺された翌日の十四日のこととするが、蝦夷が討たれる以前の出来事だった可能性がある。蝦夷は古人大兄の出家を見て、一切の抗戦を断念したのではないだろうか。

古人大兄が武力を背景に排除され、代わって皇極の同母弟軽皇子《かるのみこ》が姉からの譲りを受けて直ちに即位し、孝徳天皇となっていることから考えれば、孝徳の即位を実現することが政変を起こした勢力の最大のねらいだったのではないかと思われる。孝徳としては、古人大兄が天皇となれば、自身の皇位継承はほぼ絶望的となるわけであるから、いかなる手段に訴えてでも古人大兄の即位を粉砕しようと企てたことであろう。中大兄にとっても異母兄の即位は阻止したかったに違いない。

入鹿と蘇我氏に対し、次期天皇は古人大兄と約束していたはずの皇極が孝徳への譲位を行なっていることは、彼女が土壇場になって入鹿や蘇我氏をいとも簡単に裏切ったとしか考えようがない。皇極としては、政変を起こした勢力の中心に実弟孝徳がおり、実子の中大兄も政変に加担していたことから、結果的に身内二人の説得に応ずることになったのであろう。

蘇我氏本家が交替する

乙巳の変後、蘇我倉山田石川麻呂は、その成功報酬として政変を機に分割された大臣位のうち右大臣《みぎのおおまえつきみ》の座を手にした。先に蝦夷が入鹿に蘇我氏の族長位を生前譲渡したことにより、若年の入鹿に大臣の地位を奪われた麻呂としては、古人大兄を擁する蝦夷・入鹿に対抗するためにも、皇極の弟、孝徳を強力に後押しすることになったのであろう。入鹿暗殺の刺客となった佐伯子麻《さえきのこま》呂《ろ》や葛城稚犬養網田《かづらきのわかいぬかいのあみた》らは、職掌などの関係で麻呂にゆかりの深い人物であったことが留意される。

左大臣《ひだりのおおまえつきみ》は麻呂が任命された右大臣よりも上位にあった。麻呂がそれをあえて阿倍氏の族長である阿倍内麻呂《あへのうちのまろ》に譲ったのは、孝徳を即位させた勢力の中心人物ともいうべき彼が政権の最上位を占めたのではあまりに露骨な人事となることを避けたのではないだろうか。

稲目以来、蘇我氏に委ねられてきた公共事業の主宰権は、政変を契機に天皇自身が直接掌握することになった。同年八月に孝徳が今後は蘇我氏に代わって仏法を主宰し、寺院造営に対して経済的援助を行なうと宣言*しているのはその一環であった。その上で孝徳は今後より大規模に公共事業を展開するためにも、従来の民衆支配システムの構造的な改革にふみ出すことになる。これが後世、大化改新《たいかのかいしん》と呼ばれる改革であった。

しかし、蘇我氏が主宰した公共事業のうち、麻呂に代表される蘇我倉氏が専管していたいわば徴税部門は、引き続き彼らの手に委ねられたようである。それでも改革の推移にともない、麻呂は彼の保有する権益に関して大幅な譲歩を迫られる場面も多かったに違いない。やがて孝徳と麻呂との関係に深刻な亀裂が生じ、乙巳の変からおよそ四年後、麻呂が自殺に追い込まれる*ことになるのはそのためであろう。

＊宣言　この時、天皇の命を受け僧尼を統括するために十師が任命されている。その顔ぶれは狛大法師《こまのだいほうし》・福亮・恵雲・常安・霊雲・恵至・僧旻・道登・恵隣・恵妙。

＊自殺に追い込まれる　大化五年（六四九）三月、異母弟の日向《ひむか》により中大兄暗殺計画を密告され、身の潔白を主張しつつ山田寺で自害。

人物相関

■天皇

宣化《せんか》天皇（?～五三九。在位五三六～三九）

応神《おうじん》天皇の五世孫とされる継体《けいたい》天皇の皇子。母は尾張《おわりの》連草香《むらじくさか》の娘、目子媛《めのこひめ》。父の跡を継ぎ即位した同母兄の安閑《あんかん》天皇（勾大兄《まがりのおおえ》皇子）が崩御したのを受けて皇位を継承。皇居は檜隈廬入野宮《ひのくまのいおりののみや》。仁賢《にんけん》天皇の娘、橘仲《たちばなのなかつ》皇女《ひめみこ》を皇后とする。異母弟欽明《きんめい》天皇のために大臣・群臣制を創始し、稲目を初代大臣に任命した。

欽明天皇（?～五七一。在位五四〇～七一）

継体天皇と仁賢天皇の娘である手白香皇女《たしらかのひめみこ》とのあいだに生まれた。五世紀に王を出した複数の血縁集団の血をまとめて受け継いでいるという血統的に稀有な存在だったので、その子孫が皇位を独占して継承することになり、後々皇統の起点に位置づけられるようになった。磯城《しき》嶋金刺宮《しまのかなさしのみや》を皇居とした。葛城氏の血脈に連なる稲目の娘二人（堅塩媛《きたしひめ》、小姉君《おあねのきみ》）を後宮に迎え、多くの皇子女をもうけた。

敏達《びだつ》天皇（?～五八五。在位五七二～八五）

欽明天皇の皇子でその崩御後に即位。母は宣化天皇の娘、石姫《いしひめ》。諡号は渟中倉太玉敷《ぬなくらのふとたましき》といったが、なぜか諱《いみな》は伝えられていない。息長真手王《おきながのまてのおおきみ》の娘とされる広姫とのあいだに押坂彦人大兄《おしさかのひこひとのおおえ》皇子、異母妹にあたる額田部《ぬかたべ》皇女（後の推古天皇）を娶《めと》り、二男・五女をもうけている。皇居は当初百済大井宮《くだらのおおいのみや》（桜井市吉備か）であり、後に訳語田幸玉宮《おさだのさきたまのみや》（同市戒重が故地）を営んだ。物部守《もののべのもり》屋《や》らの提言を容れ仏法を弾圧、蘇我馬子が建立した仏塔を容赦なく切り倒させたと伝えられる。

用明《ようめい》天皇（?～五八七。在位五八五～八七）

通称、大兄皇子。欽明天皇の皇子で母は蘇我堅塩媛。和風諡号は橘豊日《たちばなのとよひ》といった。異母兄の敏達天皇が崩御すると、群臣らの推挙により即位。皇居は磐余池辺《いわれのいけのへの》双槻宮《なみつきのみや》。異母妹の穴穂部間人《あなほべのはしひと》皇女を娶り、厩戸《うまやと》皇子（聖徳太子）・来目《くめ》皇子・殖栗《えくり》皇子・茨田《まんた》皇子ら四男をもうけた。また、蘇我稲目の娘、石寸名《いしきな》とのあいだに田目皇子、葛城直磐村《かづらきのあたいいわむら》の娘の広子とのあいだには当摩《たいま》皇子をもうけている。臨終の床で天皇としては初めて仏法への帰依を願ったと伝える。

崇峻《すしゅん》天皇（?〜五九二。在位五八七〜九二）

欽明天皇の皇子で諱は泊瀬部《はつせべ》。母は蘇我稲目の娘、小《お》姉君《あねのきみ》。用明天皇が即位したおりに皇位継承を強く主張した穴穂部《あなほべ》皇子の同母弟であった。蘇我馬子の呼びかけにより物部守屋《もののべのもりや》の討滅に参加、戦乱終息後に群臣らに擁されて即位した。皇居は倉梯宮《くらはしのみや》。その在位中に飛鳥寺の造営が開始され、父欽明の遺志を受け継ぎ、任那《みまな》の独立回復を悲願とした。東国に使者を遣わし、国境の確定なども行なわせたが、東国の調が献上される儀式の場で東漢直駒《やまとのあやのあたいこま》によって暗殺された。

推古《すいこ》天皇（五五四〜六二八。在位五九二〜六二八）

欽明天皇と蘇我稲目の娘の堅塩媛とのあいだに生まれる。諱は額田部《ぬかたべ》であり、豊御食炊屋姫《とよみけかしきやひめ》と通称されていた。異母兄敏達天皇の皇后に立てられ、二男五女をもうけた。このうち菟道貝鮹《うじのかいたこ》皇女は厩戸皇子に嫁し、小墾田《おはりだ》皇女は押坂彦人大兄《おしさかのひこひとのおおえ》皇子、田眼《ため》皇女は後の舒明《じょめい》天皇と結婚している。皇后という地位に加えて、このように有力な皇子を婿に迎え、宮廷内に隠然たる勢力を築いていた。群臣らとともに崇峻天皇の擁立に関わり、その廃位にも関与した形跡がある。崇峻の暗殺直後、史上初めての女性天皇として即位。皇居は当初は豊浦宮《とゆらのみや》、後に小墾《おはり》田宮《たのみや》に遷った。大臣の蘇我馬子と協力、およそ三十六年におよぶ安定政権を実現、遺詔により次期天皇を指名するという画期をなした。

舒明天皇（?〜六四一。在位六二九〜四一）

田村皇子と呼ばれ、敏達天皇の孫にあたる。押坂彦人大兄皇子とその異母姉妹糠手姫皇女《あらてひめのみこ》とのあいだに誕生。父からは押坂部《おしさかべ》（後に刑部《おさかべ》）と呼ばれる厖大な奉仕集団を受け継いでおり、これは後世「皇祖大兄御名入部《みなのいりべ》」と称された。推古天皇の遺詔によって皇位を継承することになった。大臣の蘇我蝦夷の奉仕により飛鳥岡本宮を造営したが、これが焼失した後は祖父敏達ゆかりの地に王宮と寺院を造営することに固執した。

皇極《こうぎょく》（斉明《さいめい》）天皇（?〜六六一。在位六四二〜四五、六五五〜六六一）

敏達天皇の孫の茅渟王《ちぬのおおきみ》と欽明天皇の孫娘である吉備《きびの》姫王《ひめのみこ》とのあいだに生まれる。宝皇女《たからのひめみこ》と呼ばれた。舒明天皇の姪にあたり、舒明の即位前にその妃となり、やがて皇后に立てられた。舒明とのあいだに葛城《かづらき》皇子（中大兄皇子。後の天智天皇）、間人《はしひと》皇女（後に孝徳天皇の皇后）、大海人《おおあま》皇子（後の天武天皇）をもうけた。舒明崩御後、その遺詔により皇位を継承、蘇我蝦夷を大臣として飛鳥板蓋宮《あすかのいたぶきのみや》を造営させた。蝦夷が病気により隠退すると、その子の入鹿を起用、彼に重要な使命を託したのだが。

孝徳《こうとく》天皇（？～六五四。在位六四五～五四）

軽皇子《かるのみこ》。父は敏達天皇の孫で押坂彦人大兄皇子の子である茅渟王。母は欽明天皇の孫で桜井皇子の娘の吉備姫王。もともとは皇位継承と無縁な位置にあったが、姉宝皇女が舒明天皇の皇后となり、舒明の崩御後は即位して皇極天皇となったため、皇位継承上の地位も急浮上した。蝦夷・入鹿が古人大兄皇子《ふるひとのおおえ》を皇極の後継天皇に擁立しようとすると、蘇我氏本家に反発する分家の蘇我倉山田石川麻呂によって強力に支援されることになる。阿《あ》倍内麻呂《へのうちのまろ》の娘の小足媛《おたらしひめ》とのあいだに有間皇子《ありまのみこ》が誕生。

天智《てんじ》天皇（六二六？～七一。在位六六八～七一）

舒明天皇の皇子。母は舒明皇后で後に皇極（斉明）天皇となった宝皇女。諱は葛城《かづらき》といい、これは彼が葛城氏出身の乳母により育てられたことを示す。中大兄《なかのおおえ》は通称であり、舒明から見て二人目の大兄（同じ母から生まれた兄弟の長子）であったことによる（一人目の大兄は異母兄、古人大兄皇子）。天皇家にあって敏達、舒明と二人の天皇を出した系統の嫡流であったため、若くして将来の即位が期待されていた。叔父の軽皇子（後の孝徳天皇）に誘われ、蘇我氏本家が支援する古人大兄の即位を阻止するための武力行使に加担することに。

■皇子

穴穂部皇子（？～五八七）

欽明天皇の皇子で、母は蘇我稲目の娘の小姉君。同母弟に後に崇峻天皇となった泊瀬部皇子がいた。異母兄敏達天皇が崩御後、物部守屋の支援を受けて自身の皇位継承を主張したが、容れられなかった。そのため、即位した異母兄用明天皇のもとで暴走の限りを尽くし、ひとたびは叔父にあたる蘇我馬子の斡旋もあって守屋とは絶縁したが、群臣間で孤立を深めた守屋に改めて連携をもとめられ、それを忌避した敏達皇后の額田部皇女（後の推古天皇）の命により殺害されてしまう。

厩戸皇子《うまやとのみこ》（?～六二二）

蘇我馬子の甥である用明天皇と、同じく姪にあたる穴穂部間人皇女とのあいだに生まれた皇子。後に聖徳太子と称えられた。厩戸の名は宮中の厩の入り口で生まれたことによるといわれるが、訝《いぶか》しい。叔母の推古天皇の即位にともない皇太子に立てられ、国政全般を委ねられたとされるが、実際に政権に参画するようになるのは斑《いか》鳩宮《るがのみや》造営が始まった推古九年（六〇一）前後。また、彼に託された使命は国政全体におよぶものではなく、斑鳩の地とダイレクトに繋がる難波《なにわ》を拠点とした中国・朝鮮半島との外交に限定されたものだったであろう。将来における即位が期待されていたが、若くして薨去。

来《く》目《め》皇子（?～六〇三）

用明天皇の皇子で、厩戸皇子の同母弟。来目氏の女性が乳母とされたようである。推古天皇のもとで中国・朝鮮半島との外交を主管することになった兄厩戸の要請により、推古十年（六〇二）新羅征討の将軍に任命され、筑紫に進駐するが、同地で病に倒れ、翌年、出兵を果たすことなく世を去った。

当《たい》摩《ま》皇子（生没年不詳）

厩戸皇子、来目皇子の異母兄弟。麻呂子《まろこ》皇子とも。母は葛城直磐村の娘、広子。同母の姉妹に日神《ひのかみ》（後の天照大神）に仕えたという酢香手姫皇女《すかてひめのみこ》がいた。撃新羅将軍の来目皇子が筑紫で亡くなると、その後任に選ばれるが、同行した妻の舎人皇女《とねりのひめみこ》が播磨国の赤石《あかし》で亡くなったため、征討は中止となった。当麻氏の祖。

山背大兄王《やましろのおおえのみこ》（?～六四三）

厩戸皇子の子。母は蘇我馬子の娘、刀自古郎女《とじこのいらつめ》。山背の名前は彼が山背国に勢力をもった山背氏に養育されたことを示すが、河内国石川郡山代郷に本拠をかまえた山代氏が養育を担当した可能性もある（とすれば、石川周辺に拠点をもっていた蘇我倉氏と浅からぬ関係があったことになる）。異母姉妹、舂米女王《つきしね》（上宮大娘姫王）と結婚、父から斑鳩宮やそれに付属する経済基盤「上宮乳《み》部《ぶ》の民」を相続していた。推古天皇や蘇我蝦夷らによって将来を嘱望されていたが、推古崩御のおりに次期天皇には指名されなかった。

古人大兄皇子（?～六四五）

舒明天皇が蘇我馬子の娘の法提郎媛《ほほてのいらつめ》とのあいだにもうけた皇子。古人大市《おおち》皇子とも。蘇我入鹿は従兄弟にあたる彼を天皇とするために山背大兄王を滅ぼしたとされる。その後、入鹿暗殺の舞台となった朝鮮三国の使者を迎えた儀式において皇極天皇の傍らに侍しているので、山背大兄の滅亡後は次期天皇の座を約束されていたようである。しかし、蝦夷・入鹿が滅ぼされたのを機に飛鳥寺で出家を余儀なくされ、吉野山中に入るが、わずか数ヶ月後、謀反の容疑を受けて殺害されることになる。

■蘇我氏の女性たち

堅塩媛（生没年不詳）

稲目の娘。母親は不詳だが、葛城氏出身の可能性が高い。欽明天皇の後宮に入り、七男・六女をもうけた。そのうち、第一子の大兄皇子《おおえのみこ》と第四子の額田部皇女《ぬかたべのひめみこ》（豊御《とよみ》食炊屋姫《けかしきやひめ》）は皇位を継承、用明天皇・推古天皇となった。推古二十年（六一二）、欽明の檜隈坂合陵（平田梅山古墳か）に改葬され、事実上、欽明の正妻（皇后）の座をみとめられている。

小姉君（生没年不詳）

稲目の娘。堅塩媛の同母妹であったと伝えられる。姉と同様に欽明天皇の後宮に連なり、四男・一女を生んだ。彼らのうち即位したのは末子の泊瀬部皇子《はつせべのみこ》（崇峻天皇）だけであり、その兄にあたる穴穂部皇子《あなほべのみこ》は皇位を望んだが、当時前皇后だった推古天皇の命令によって討たれている。穴穂部皇子の双子の姉であったかと思われる穴穂部間人《はしひと》皇女は異母兄の用明天皇と結婚、厩戸皇子（聖徳太子）の母となった。小姉君がいずれに葬られたのかは不明。

石寸名《いしきな》（生没年不詳）

稲目の娘。甥にあたる用明天皇の嬪《ひん》となり、田目皇子《ためのみこ》（豊浦《とゆら》皇子）を生んだ。この時期の天皇家ではオジとメイ、オバとオイの結婚は決してめずらしくなかった。

河上娘《かわかみのいらつめ》（生没年不詳）

馬子の娘で崇峻天皇の後宮に入る。崇峻を殺害した東漢直駒《やまとのあやのあたいこま》によって誘拐されたという。その後、馬子はそれを理由に駒の殺害を命じた。

刀自古郎女《とじこのいらつめ》（生没年不詳）

厩戸皇子の妃となった馬子の娘。厩戸の後継者、山《やま》背大兄王《しろのおおえのみこ》を筆頭に財《たから》王、日置《へぎ》王、片岡《かたおか》王（女王とも）らをもうけた。斑鳩にあった岡本（山本）宮は彼女の居所で、後に改造されて法起寺《ほっきじ》になったといわれる。

法提郎媛《ほほてのいらつめ》（生没年不詳）

馬子の娘。舒明天皇の夫人となり、古人大兄皇子《ふるひとのおおえのみこ》を生んだ。

乳娘《ちのいらつめ》（生没年不詳）

蘇我倉山田石川麻呂の娘。孝徳天皇の妃となった。

遠智娘《おちのいらつめ》（生没年不詳）

蘇我倉山田石川麻呂の娘。即位前の天智天皇とのあいだに大田皇女・鸕野讃良《うののさらら》皇女（後の持統天皇）・建《たける》皇子らを生んでいる。

姪娘《めいのいらつめ》（生没年不詳）

蘇我倉山田石川麻呂の娘で、天智天皇とのあいだに御《み》名部《なべ》皇女・阿閇《あへ》皇女（後の元明天皇）をもうけた。

蘇我氏同族

境部臣摩理勢《さかいべのおみまりせ》（?～六二八）

稲目の子で馬子の弟にあたるとされるが、稲目の兄弟の子で馬子の従兄弟であった可能性もある。推古天皇の時代から群臣の一人として重きをなしたようだが、馬子亡き後は蘇我氏内部で蝦夷に次ぐ地位にあった。境部氏は蘇我氏のなかにあって境界祭祀や国境の確定を職務とする境部集団を率い、とくに海外派兵など軍事部門を担当していたと見られる。推古崩御後の騒動のなかで蝦夷と対立を深め、滅ぼされることになる。

境部臣雄摩侶《おまろ》（生没年不詳）

摩理勢の近親らしいが、系譜の詳細は不明。推古三十一年（六二三）、新羅出兵にあたり大将軍に起用された。新羅から賄賂を受け取り、倭国・新羅両国で和平が成る直前に新羅に攻め入ったため、新羅から違約を責められる原因をつくってしまう。

田中臣《たなかのおみ》某（生没年不詳）

蘇我氏の分家で後の大倭国高市郡の田中（橿原市）に拠点をおいた一族の長。推古三十一年の新羅出兵にあたり、倭国とは同盟関係にあるはずの百済への不信感をあらわにした所見を述べている。

蘇我倉山田石川臣麻呂（雄正）（?～六四九）

蘇我氏のなかでも蝦夷・入鹿の本家に次ぐ勢力を誇った蘇我倉氏の長。馬子の息子の雄当《おまさ》（雄正とも）の子とされてきたが、雄当とはこの人物の異称と見るべきで、彼は馬子の孫ではなく息子であり、その母は河内国石川郡を基盤とした渡来系集団の出身だった可能性が高い。麻呂に始まる蘇我倉氏は、天皇家から公共事業の主宰を委ねられていた蘇我氏のなかにあって、倉氏や倉人を率いて徴税部門を主管し、多くの権益を保有していた。彼は蝦夷の異母弟として蘇我氏の族長となる資格をもっていたが、それを入鹿に横取りされたことから、やがて蝦夷・入鹿父子の敵対勢力に接近していく。

高向臣国押《たかむくのおみくにおし》（生没年不詳）

蘇我氏の分家の一つ、高向氏の長。高向氏は河内国錦《にし》織《ごり》郡錦織郷の高向村を本拠とした。同地には渡来系の高向村主《すぐり》、高向史《ふひと》も拠点をおいていた。斑鳩宮を脱した山背大兄王を捕えよとの入鹿の命令に対し、「僕《やつかれ》は天皇の宮を守りて、敢《あ》へて外に出でじ」といって拒んだというから、当時は宮門守衛を主たる任務としていたらしい。後に孝徳天皇の時代、「刑部尚書《ぎょうぶしょうしょ》」（刑部省の前身機関の長官か）の地位にあったという。

■その他の豪族

物部大連《もののべのおおむらじ》尾輿《おこし》（生没年不詳）

宣化天皇から欽明天皇のもとで大連《おおむらじ》と呼ばれる執政官の地位にあったと伝えられる。荒山《あらやま》の子で、有名な守屋の父。重臣の大伴金村《おおとものかなむら》を任那《みまな》問題によって失脚に追い込み、百済から仏法が伝わると、中臣鎌子《なかとみのかまこ》（鎌足とは別人）とともに在来の神々の怒りと疫病流行を理由にその弾圧を強行したという。

穂積臣磐弓《ほずみのおみいわゆみ》（生没年不詳）

欽明天皇の命令により蘇我稲目とともに吉備に派遣され、白猪屯倉《しらいのみやけ》の設定にあたったという。穂積氏は饒速日命《にぎはやひのみこと》を始祖とする物部氏系の氏族で、大倭国山辺《やまのへ》郡穂積郷がその本拠地。

葛城山田直瑞子《かづらきのやまだのあたいみつこ》（生没年未詳）

欽明十七年（五五六）、蘇我稲目が吉備に遣わされ児島《こじま》屯倉を設置した時、屯倉に付属する水田（屯田、官田）を管理する田令《たつかい》に任命された。稲目の姻戚である葛城氏と同様、葛城の地に基盤をもつ在地豪族の出身だったようである。

物部大連守屋《もりや》（?～五八七）

物部尾輿の子。大連という最高執政官の地位にあったというが、実際には大臣のもとに結集した群臣の中で筆頭の位置にあったと見られる。その妹は蘇我馬子の妻となり、馬子の後継者となる蝦夷を生んでいる。馬子が大野丘の北に建立した仏塔を敏達天皇の命により焼き討ちしたという。後に皇位継承を強く望む穴穂部皇子《あなほべのみこ》を支援したために群臣間で孤立を深め、滅亡に向かうことに。

中臣連勝海《なかとみのむらじかつみ》（?～五八六）

おそらく群臣の一人で、物部守屋を支援する立場にあった。守屋が群臣の間で孤立すると、彼を助けるために押坂彦人大兄皇子《おしさかのひこひとのおおえのみこ》と竹田皇子の呪詛《じゅそ》を企てたという。だが、それが失敗に終わると、一転して押坂彦人大兄に仕えようとしたものの、本心を疑われ殺害された。

三輪君逆《みわのきみさかう》（?～五八六）

敏達天皇に寵愛され、内外の事を委任されたという。敏達の崩御後は隼人《はやと》を率いてその殯宮《もがりのみや》の警護にあたっていたところ、そこに侵入しようとした穴穂部皇子と衝突、その恨みを買い、それが原因で討たれることになる。三輪氏は三輪山に坐す大物主神《おおものぬしのかみ》を奉祀した氏族。

阿倍内臣麻呂《あへのうちのおみまろ》（?～六四九）

大彦命《おおひこのみこと》を始祖とする阿倍氏のなかでもウチ（内）を称した系統の長。馬子の命を受けて推古天皇のもとに遣わされ、葛城県《かづらきのあがた》の下賜を願い出た。推古崩御の後は蝦夷のもとで群臣らをまとめる立場にあったようで、蝦夷邸に召集された群臣らに推古の遺詔を披瀝し、彼らに意見をもとめている。乙巳の変後は左大臣に任命され、孝徳政権の首班の座に。

阿曇連《あずみのむらじ》某（生没年不詳）

海部《あまべ》集団の支配にあたった阿曇氏の族長。馬子に命じられ、推古天皇に対し葛城県の拝領をもとめる使者を務めた。彼も馬子配下の群臣の一人であったと見られる。

大伴連鯨《おおとものむらじくじら》（生没年不詳）

蝦夷邸に集められ推古天皇の遺詔について尋ねられた群臣のうちの一人。推古の遺志にしたがい、田村皇子（舒明天皇）を擁立するのが妥当と主張した。大伴氏はもともと天皇に種々の職種で近侍した伴・大伴を統率した氏族だが、後に軍事的な伴・大伴を統括し、主として天皇の警護にあたることになった。

巨勢臣徳太《こせのおみとこた》（五九三～六五八）

皇極二年（六四三）十一月、蘇我入鹿の命を受けて山背大兄王を斑鳩宮に襲った将軍の一人。おそらく群臣の一人であろう。乙巳の変のおりには、やはり将軍として蝦夷に加担しようとした東漢《やまとのあや》氏の人びとに投降を呼びかけている。その後、孝徳天皇の政権で左大臣に任命された。在任中に六十六歳で薨じたと伝える。

大伴連長徳《ながとこ》（馬飼《うまかい》）（？～六五一）

乙巳の変後、孝徳天皇の即位礼において金の靫《ゆき》を帯びて高御座《たかみくら》の右に侍立したという。彼も群臣の一人で、孝徳の即位前からその知遇を得ていたのであろう。やがて孝徳政権で右大臣を拝命するが、これは大化五年（六四九）三月に謀反の容疑で自害した蘇我倉山田石川麻呂の後任。

中臣連鎌子《かまこ》（鎌足《かまたり》）（六一四～六六九）

御食子《みけこ》の長子。後に藤原氏の始祖となる。御食子は「祭官兼前事奏官」の任にあったとされ、中臣氏の族長として神祇祭祀を管掌、天皇への奏上の任にあたる群臣の一員でもあったと見られる。鎌足はこの地位、とくに「祭官」を受け継ぐことを拒み、一族の世襲職とは異なる道を模索していたようである。後の孝徳天皇に接近を試み、乙巳の変に加担することになったのもそのためであった。

■渡来系の人びと

王辰爾《おうしんに》（生没年不詳）

敏達天皇の時代、カラスの羽に書かれた高句麗の国書を解読した功により内廷に侍すことになったと伝えられる。六世紀に百済より渡来し、朝廷において書記官となった人びとを代表する存在といえよう。その子孫は船氏、津氏、白猪《しらい》氏となり、有能な書記官を数多く輩出した。

白猪史胆津《しらいのふひといつ》（生没年不詳）

王辰爾の甥。白猪屯倉《みやけ》に付属する水田を耕作した人民（田部《たべ》）の帳簿に遺漏が多いので、田部集団の把握・調査を徹底化するために現地に派遣された。その結果、田部を戸ごとに編成し、その功績により欽明天皇から白猪史の姓を賜わり、白猪屯倉の田部を支配する田令《たつかい》、葛《かづら》城山田直瑞子《きのやまだのあたいみつこ》の副官を拝命したという。

司馬達等《しばたっと》（生没年不詳）

『扶桑略記』などによれば、中国系の渡来人とされるが、不詳。百済系の可能性も濃厚。大倭国高市郡の坂田原に草堂を結び、仏像を礼拝していたという。仏法関係で馬子や蘇我氏に奉仕した伝承が多く残るが、その子孫は鞍作《くらつくり》氏を形成することになった。

鞍作村主多須奈《くらつくりのすぐりたすな》（生没年不詳）

司馬達等の子、仏師として有名な鳥《とり》の父。用明天皇が臨終のおりに誓願して出家、丈六《じょうろく》の仏像と寺院を発願したという。これが南淵の坂田尼寺の起源になったと伝える。法名、徳斎《とくさい》。

善信尼（生没年不詳）

司馬達等の娘。俗名を嶋女《しまめ》という。十一歳で出家したが、これは我が国で最初の出家であった。当時、仏法は蕃神（外来の神）を祭ることとされていたから、神の妻となりうる女子の出家が男子のそれに先行することになったのであろう。仏法を通じて馬子や蘇我氏に貢献、さまざまな受難に耐えたことが伝えられる。戒律修行のために百済にも留学した。

鞍作村主鳥（止利《とり》仏師）（生没年不詳）

鞍作多須奈の子。馬子や蘇我氏による公共事業のうち寺院に安置される仏像の製作という特殊技能で奉仕した。飛鳥寺の丈六釈迦如来坐像や法隆寺の釈迦三尊像などの製作にあたり、この時代を代表する仏師として歴史に名を残すが、実像は不明。

東漢直駒（?〜五九二）

阿知使主《あちのおみ》・都加《つか》使主を祖とする伽耶《かや》系の渡来人の出身。磐井《いわい》の子と伝えられる。崇峻天皇暗殺の刺客として突如登場するので、それ以前どのような地位にあったのか不明。凶行の後、崇峻の嬪で馬子の娘であった河上娘《かわかみのいらつめ》を連れ去り妻にしていたようだが、それが発覚して馬子により殺害されている。

僧旻《そうみん》（?〜六五三）

推古十六年（六〇八）、遣隋使で中国に留学した学問僧の新漢人《いまきのあやひと》日文《にちもん》が同一人物とされるが、不明。旻は略称であり、僧旻が正式名称である。舒明四年（六三二）に帰国し、学堂を開き『周易《しゅうえき》』を講じたという。乙巳の変で成立した孝徳政権において国博士《くにのはかせ》に起用された。その病床を見舞った孝徳が「あなたが死んだならば、朕《ちん》も生きてはいない」と語ったというから、孝徳の絶大な信頼を得ていたことは間違いない。

高向漢人《あやひと》玄理《げんり》（?〜六五四）

河内国錦織郡錦織郷の高向村を拠点とした渡来系集団の出身。推古十六年（六〇八）の遣隋使で学生《がくしょう》として中国に留学、舒明十二年（六四〇）に新羅経由で帰国した。その直後の動静は知られないが、孝徳天皇の政権で僧旻とともに国博士に任命された。後に遣唐使として中国で客死。

南淵《みなぶち》漢人請安《しょうあん》（生没年不詳）

大倭国高市郡の南淵に居住した渡来系集団から出た。推古十六年（六〇八）、遣隋使により学問僧として中国に留学。舒明十二年（六四〇）帰国、皇族や豪族の子弟に儒教を教授した。中大兄皇子や中臣鎌足が講義に通ったという挿話が有名だが、詳細は不明。乙巳の変後の新政権に加わった形跡は見られないが、孝徳政権が任命した十人の高僧（十師）のうち、常安《じょうあん》は同一人物か。

船史恵尺《ふねのふひとえさか》（生没年不詳）

王辰爾の後裔氏族の一つ、船氏の出身。同氏は船によって貢上された物資に関する記録管理にあたった書記官（フミヒト）を輩出した氏族。恵尺は蘇我氏本家が滅んだ時に蝦夷邸にあり、厩戸皇子と蘇我馬子が共同で編纂したという歴史書『天皇記』『国記』のうち、後者をもち出すことに成功したとされる。これは、当時蝦夷の邸宅で史書編纂が継続中であり、彼も書記官として編纂に従事していたことをうかがわせる。ちなみに、その子は出家して道昭《どうしょう》と名乗り、唐に留学して玄奘三蔵《げんじょうさんぞう》に師事、法相学を極めた。行基《ぎょうき》の師にあたる人である。

Ⅱ 蘇我氏が創った飛鳥の都

石舞台古墳

一　飛鳥前史

世襲王権の成立と磐余

この飛鳥と呼ばれる狭小の地に都市的な空間が営まれるようになる以前、すなわち六世紀段階は磐余《いわれ》の地が王権の拠点であり、王権の聖地とされていた。それは以下のようである。

継体天皇…磐余玉穂《たまほ》宮

欽明天皇…磯城嶋金刺《しきしまのかなさし》宮

敏達天皇…百済大井宮、訳語《おさ》田幸玉《たのさきたま》宮

用明天皇…磐余池辺双槻《いけのへのなみつき》宮

いずれの王宮も現在の奈良県桜井市のなかにあったと見られる。欽明の皇居の所在地は厳密には磐余ではないが、磯城は磐余に隣接するのでここに加えた。敏達の場合はいずれの王宮も磐余の範囲内にあったと考えてよい。

六世紀以前にもつぎのように伝承上の皇居があったとされる。

神功《じんぐう》皇后…磐余若《わか》（稚）桜《さくら》宮

履中《りちゅう》天皇…磐余稚桜宮

清寧《せいねい》天皇…磐余甕栗宮《みかくり》

神功皇后や清寧は実在性の乏しい人物であるが、履中は実在の天皇と考えてよい。その皇居が磐余にあったと伝えられているのは、伝承の核となるような事実があったのであろう。清寧自身は実在が疑われるが、その名前と伝えられるシラカ＊（白髪・白香）は今も桜井市にのこる白河《しらか》の地名に由来すると見られる。三輪山南麓の地に王宮を営んだ王の伝承が存在したようである。

磐余は天香具山《あまのかぐやま》の東麓一帯を指すというのが通説である。磐余の磐は永遠性という神秘的な力を秘めた石や岩を指していると見られ、これはおそらく、受け継がれる王権の永続性を象徴するものだったに違いない。

前に見たように、六世紀前半から半ばにかけて世襲王権が形成され、この王権が支配の拠点としてえらんだのが磐余だったのである。

それ以前、後の天皇に相当する倭国王を出す血縁集団は一つとは限らなかった。これら複数の集団から軍事的な資質や成果などによって王が選出・推戴されていた。ところが、五世紀末から六世紀前半にかけて王家の統合が行なわれ、複数の王家の血をまとめて受け継いだ人物の子孫に王位継承権を限定することにしたのである。

六世紀初頭にあらわれた継体の子とされる欽明以後は、彼が複数の王家の血を受け継いでいたため、その子孫しか王位を継承できないようになった。ここに王位の血縁による世襲、すなわち世襲王権が誕生を見たことになる。これにともない、王

＊ シラカ　『日本書紀』は、天皇が生まれつき白髪であったのでシラカと称されたとするが、付会の説。皇子がなかったために定めたのが白髪部《しらかべ》（後に真髪部《まかべ》）であったという。

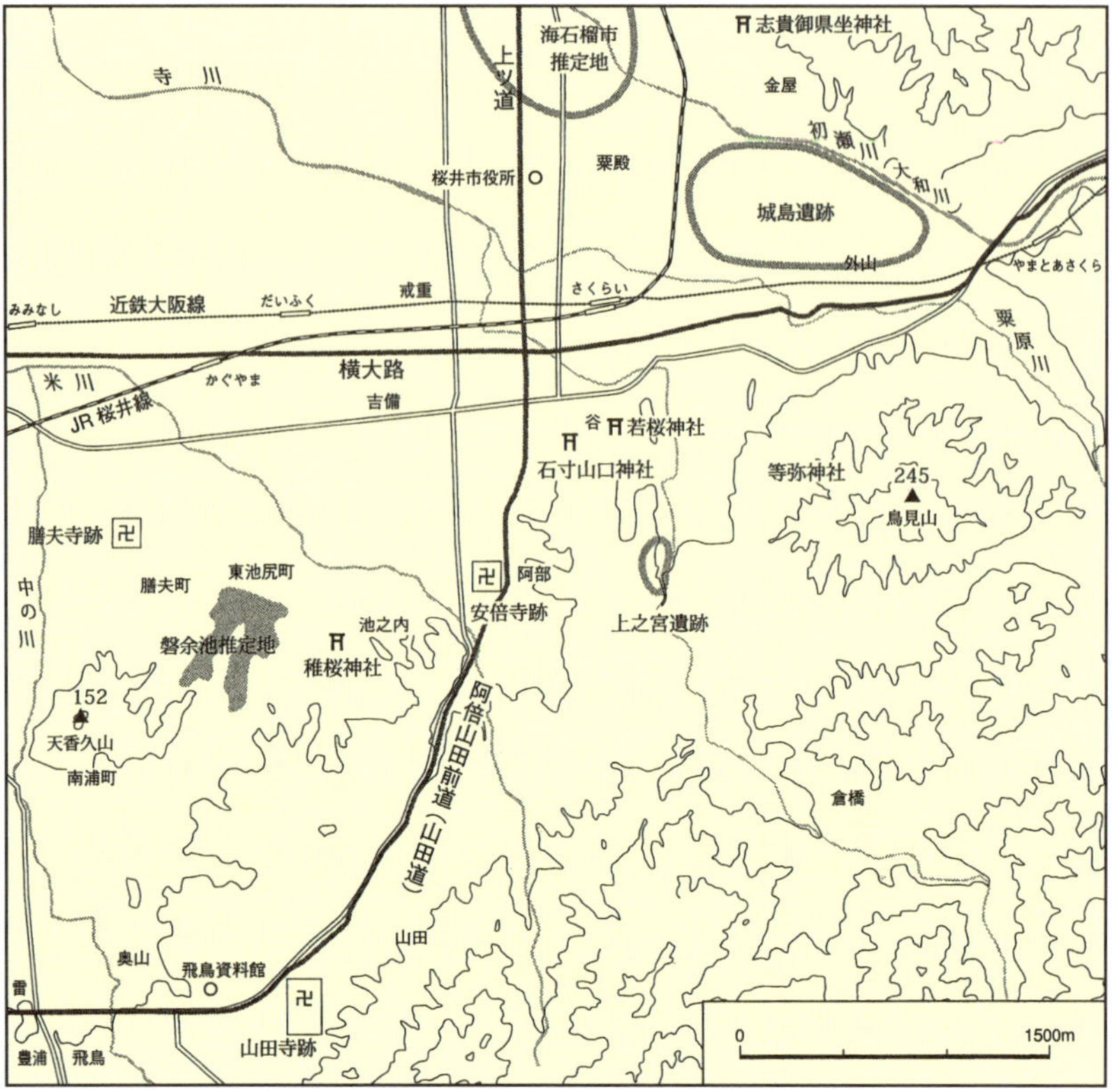

磐余周辺地図
（辰巳和弘『聖樹と古代大和の王宮』中央公論新社）

権支配の拠点、王権の聖地として磐余という場所が着目されることになったと見られる。

この時期、蘇我氏は大臣《おおまえつきみ》として有力豪族を統括し、誕生したばかりの世襲王権をサポートする立場にあったが、この段階はその本拠である曽我の地に近い畝傍《うねび》山《やま》の東南麓を勢力圏としていた。飛鳥の中心部にはまだ脚をふみ入れてはおらず、その北辺にあたる豊浦付近に拠点をおくにとどまっていたのである。もちろん天皇家も飛鳥には特別関心を示してはいなかった。

中国統一という脅威

ところが、六世紀後半になって中国において激変が生じた。中国の政治的分裂がおよそ三百年ぶりに克服され、統一王権が誕生したのである。まず南北にあった王朝が統合され、楊氏の隋帝国*が成立する。隋帝国の軍事的脅威は周辺諸国に否応なく波及していった。その後、隋は短期間で滅び去り、李氏の唐帝国*に取って代わられることになる。

倭国とすれば、この隋の迫り来る脅威に抗しながら国益を確保するためにも王権の強化・荘厳化を企図せざるをえない。それには王権の拠点となる空間をより壮麗なものにする必要があった。今後は中国や朝鮮三国の使者の往来が従来に較べて頻繁になるわけだから、王の住居と政庁が外国の使者の視線に容赦なくさらされることになり、それに応じて王宮の壮麗化を意図的に進めざるをえなかったのである。

これまでの磐余とは異なる場所に王権の拠点、王権の聖地となる場所を新たにも

＊ **隋帝国**　五八一年、楊堅（文帝）により成立。六一八年、滅ぶ。

＊ **唐帝国**　隋末の大反乱のなか、李淵（高祖）により六一八年建国。二代世民（太宗）の貞観の治により最盛期を現出。

うける必要が生ずることになる。飛鳥への道がここに開かれるのである。大臣として政権のトップの座にあった蘇我氏はまさにこの課題に取り組まねばならなかった。稲目の時代にはなかった課題が馬子の代になって新たに浮上してきたといえよう。

蘇我氏は六世紀の前半に稲目が政権中枢に姿をあらわし、七世紀半ばに政変によって蝦夷・入鹿が倒されるが、その全盛期というべき六世紀後半以降がまさに隋唐帝国の勃興期に該当していることは注目に値する。蘇我氏権力が中国における統一権力に対応して形成されたという本質を見て取ることができる。

二　豊浦宮から小墾田宮へ

「向原の家」—豊浦宮の前身

欽明天皇の皇女でわが国最初の女帝である推古天皇が即位した豊浦宮は、飛鳥の中心部ではなくその北西辺に営まれた。この豊浦宮は蘇我氏の存在をぬきにしては語れない。なぜならば、この宮殿は蘇我氏の邸宅を改造して成ったものと考えられるからである。

『日本書紀』によれば、百済から仏法が伝来した時、稲目は欽明より拝領した仏像を「向原《むくはら》の家」を清め、そこに安置したという。豊浦宮の跡地に造営された豊浦寺（蝦夷が創建した建興寺）の地に建つのが現在の向原（広厳）寺とされ、広厳という寺名は「向原」を音読してそれに同音の嘉字をあてたものと見られる。とすれば、向原と豊浦はほぼ同一の場所を指す地名だったことになる。

豊浦寺跡（向原寺）

だが、これには疑問がのこる。奈良時代の『元興寺伽藍縁起并流記資財帳』によれば、百済より伝来した仏像を安置・礼拝したという建物が、牟久《むく》原《はら》（向原）→桜井→等由良《とゆら》（豊浦）というように変遷したと描かれている。これら向原、桜井、豊浦の三ヵ所にはいずれも推古の宮殿（後宮）があって、これらが後々寺院に改造されたことになっている。だが、仏法伝来の頃、推古はまだ生まれておらず、天皇のキサキとなって後宮を営むはずもない。これは豊浦寺の起源をできるだけ古く、そしてどうしても推古に結び付けたいために作り出された話にすぎないようである。『元興寺伽藍縁起并流記資財帳』は天平十九年（七四七）に書かれ政府に提出されたといわれているが、その最終的な成立は平安末期まで下ると考えられており、その内容の史実性には問題が多い。*

向原、桜井、豊浦はおそらく、我が国の初期仏教において聖地と仰がれていた場所だったのであろう。結局のところ、向原は豊浦周辺にあった地名ということしかわからない。ただ、推古の即位は崇峻天皇の暗殺直後に行なわれているので、その即位儀式の舞台となる宮殿を造営するのに十分な時間がなかったと考えられる。その点、稲目の旧宅を急遽改造して王宮に仕立て上げた可能性は十分にあるだろう。飛鳥北辺に位置する豊浦の地に、蘇我氏の協力・奉仕を得て推古の王宮が設定されたと考えておきたい。

推古が後年「今朕《われ》は蘇何《そが》より出でたり」といったことは有名だが、蘇我氏の血脈に連なる彼女が、天皇でありながら蘇我氏の居宅をそのまま王宮に改造しているように、天皇家と蘇我氏との間には一体的な関係があったことがうかがわれる。そして、この段階では天皇家も蘇我氏もまだ飛鳥の中心部に入ってはいないことを確認しておこう。

遣隋使外交と小墾田宮

推古は即位からおよそ十年後、六〇三年に豊浦宮から小墾田宮《おはりだ》へと遷ることになる。

小墾田には稲目の「小墾田の家」*があり、蘇我氏の同族（稲目の後裔）という小墾

* 吉田一彦『仏教伝来の研究』吉川弘文館、二〇一二年。

* 「小墾田の家」『日本書紀』欽明十三年十月条に見える。

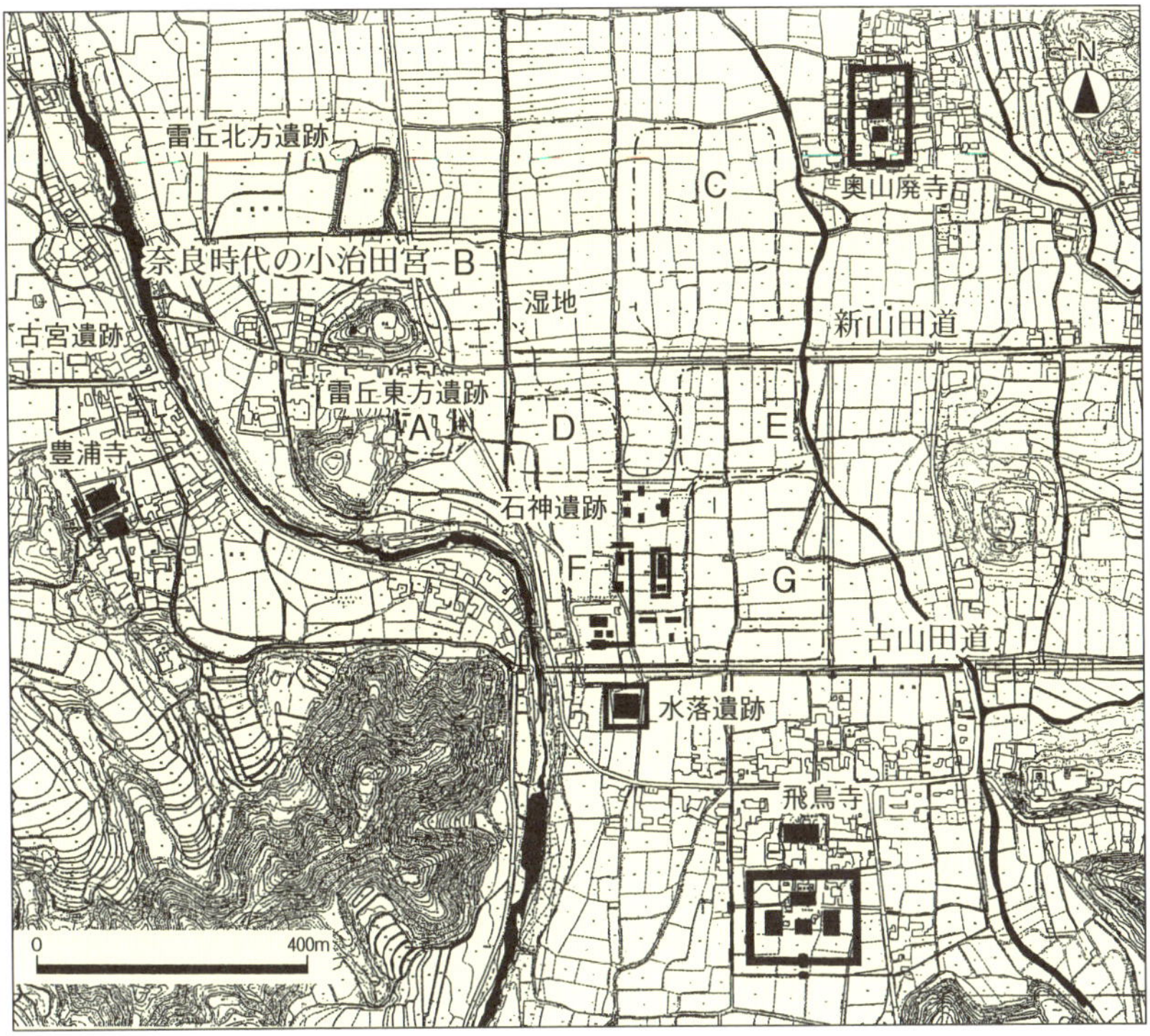

推古朝小墾田宮の推定地（『飛鳥と斑鳩』ナカニシヤ出版）

田氏が本拠をかまえていた。この地に蘇我氏の勢力がおよんでいたことはたしかであり、小墾田宮の造営に蘇我氏が関与していたことは明らかといえよう。

小墾田の開発は六世紀前半の安《あん》閑《かん》天皇の時代にさかのぼるようである。当地には小墾田屯倉《みやけ》が設置され、それが巨勢男人《こせのおひと》の娘で安閑妃であった紗手媛《さてひめ》にあたえられたとされる。

この小墾田宮はいったいどこにあったのであろうか。

雷丘《いかずちのおか》の東方の平坦地から七世紀～九世紀の掘立柱建物、掘立柱塀、溝などの遺構が発見されており、これが小墾田宮跡として注目されている。この雷丘東方遺跡は四期に分類されるが、推古の小墾田宮はⅠ期に相当すると考えられる。八世紀末～九世紀初頭の井戸の底から「小治田宮」と書かれた墨書土器*が発見され、これにより、この遺跡が推古の小墾田宮を受け継いで奈良時代やそれ以降も存続した小治田宮の跡であることが判明したのである。

ただ、雷丘の東方だけでは一定規模の宮殿を営むには狭すぎると考えられ、推古の小墾田宮は雷丘東方よりも南に展開していたのではないかと見られている。すなわち、現在よりも南を東西に通っていた阿倍山田道は飛鳥寺の北面大垣に面していた可能性があるが、その北側には古代の迎賓施設の跡といわれる石神《いしがみ》遺跡があり、その東端の微高地（前ページ、地図中のG）で七世紀前半の瓦葺き建物跡が確認されるので、これが推古の小墾田宮である可能性が高いといわれる。*

以上のように、小墾田宮は豊浦宮から見て東方にあたるが、飛鳥の中心部から見ればその北辺というべき一帯であり、ここに王宮が営まれたことにより、ようやくその南方に広がる飛鳥が視野に入ってきたといえようか。この点で注目されるのは、小墾田宮に遷った前後に、馬子が飛鳥の南辺（島庄遺跡や石舞台古墳の所在地）に邸宅

---

* 一三一頁参照。

* 相原嘉之「七世紀前半の飛鳥の景観」奈良大ブックレット『飛鳥と斑鳩』所収、ナカニシヤ出版、二〇一三年。

を築いていることで、ここに推古と馬子が北方と南方から、まるで歩調を合わせるかのように飛鳥という地域を囲い込もうとしていたことがうかがわれる。

つぎに、豊浦宮から小墾田宮へと遷った契機であるが、隋帝国や朝鮮三国との外交問題があったと考えられるのではないだろうか。

倭国は中国を統一した隋帝国に使者を派遣したが、それはひとえに朝鮮南部（伽《か》耶《や》）にあった倭国の権益（任那《みまな》の調《みつき》）を安定的に確保するためであった。それには任那国を当時実効支配していた新羅《しらぎ》の諒承が必要であるが、新羅は容易に要請を受けつけない。そこで倭国としては、新羅が従属している隋に働きかけ、自国が新羅の上位にあることを隋にみとめさせようとしたのである。具体的には、新羅が隋に朝貢して冊封《さくほう》も受け皇帝の臣下となっていたのに対し、倭国は隋に朝貢するが冊封は受けないという独自の立場にあることをアピールした。

倭国のこのような立場を隋に容認させるには、国内の宮廷制度や儀礼の合理化もさることながら、宮廷自体の大規模化・荘厳化も不可避の課題となったはずである。これを実現するのに稲目の邸宅を改造した程度の豊浦宮では不十分だったに違いない。ここに、新たに大規模な王宮を小墾田の地に造営する必要が生ずることになったわけである。馬子と蘇我氏は、小墾田宮の造営と整備に対し協力と奉仕を惜しまなかったであろう。

後に小墾田宮には隋使の裴世清《はいせいせい》ばかりでなく、問題の新羅・任那両国使も訪れる

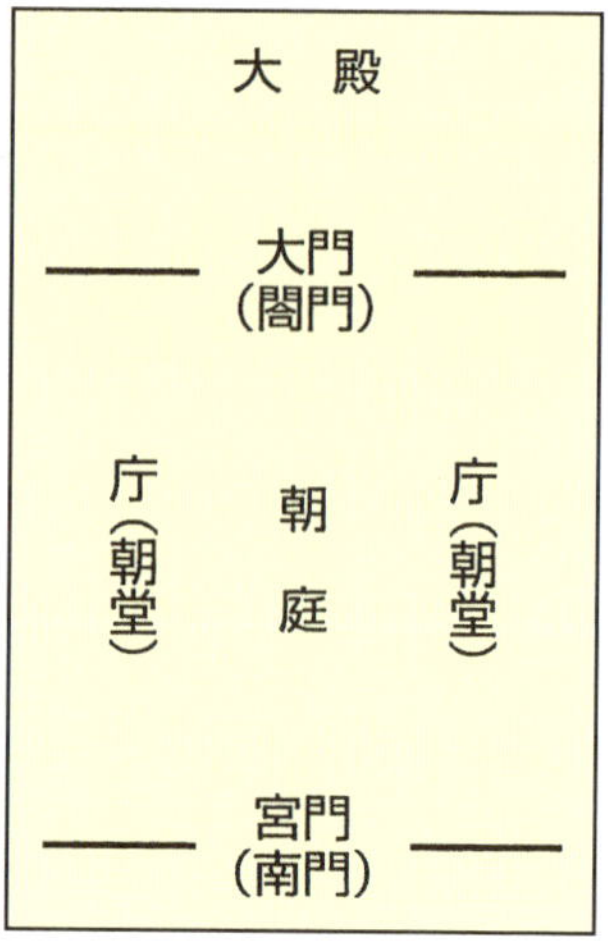

小墾田宮の復元
（岸俊男氏による）

ことになる。このような外国の使節を小墾田宮に招くということは、彼らに対し天皇の権威と権力を可視的に誇示するという意図があったことは明らかであろう。小墾田宮は遣隋使外交の成功になくてはならない舞台装置だったのである。

都市的空間の形成

他方、馬子は推古が即位した前後より、推古とともに飛鳥寺の造営を推し進めている。馬子と蘇我氏が飛鳥寺造営を主導したのは、前に述べたように、蘇我氏がもともと仏法管理＝蕃神祭祀を天皇から委託されていたからであり、仏法の管理に付随して外来の文化・技術を身につけた渡来系集団を配下にしていたので、彼らの知識や技術を投入して飛鳥寺のような高層木造建築の造営を推し進めることができたわけである。

結果的に見れば、この飛鳥寺造営は狭義の飛鳥、すなわち飛鳥川東岸一帯に王権の聖地を創出する事業の第一歩というべきものであった。飛鳥川東岸はもともと真《ま》神原《かみはら》と呼ばれる聖地であったが、そこを王権と関係する聖地とするためには、天皇自身も関わって宗教的な施設を造営する必要があったのである。

飛鳥川東岸の地には、やがて宮殿と寺院を中心とした倭京《やまとのみやこ》と呼ばれる都市的空間が誕生することになる。それは条坊制をともなった中国の本格的な都城とは程遠いものであった。だが、それでも隋帝国やそれに取って代わった唐帝国の強大な脅威に対抗して天皇権力を強大なものとして誇示するのに存分に役立ったことは間違いない。

倭京の基礎的な設計や造営を主導したのが馬子と蘇我氏であった。また、この時期、外港である難波津と飛鳥とを結ぶ大道も建造されたが、これも蘇我氏の一部（境部氏《さかいべ》）によって推進されたのではないかと見られる。さらに、飛鳥西南の出入り口にあたる場所にあった欽明天皇陵とその周囲を一大聖域として拡張・整備を行なったのも馬子と蘇我氏だったのである。

小墾田宮だけでなく飛鳥の都も、蘇我氏の力なくしては創り出されなかったといってもよい過言ではない。ただ、彼らがそれをたんに一族の利益を満たすために造ったわけではないことに留意する必要がある。

以上述べてきたように、天皇家は蘇我氏によって飛鳥に誘致されたのではなかった。当時の天皇家は、推古と馬子の関係からも明らかなように蘇我氏と一体的な関係にあり、天皇家と蘇我氏はまさに共同して飛鳥を切り拓いたといってよい。蘇我氏の側からすれば、隋帝国の軍事的な脅威に抗して天皇の権威と権力を確立するとの明確な意図のもとにこれら事業に取り組んだのである。

三

飛鳥岡本宮、そして板蓋宮

飛鳥最初の王宮

このようにして開発された狭義の飛鳥、飛鳥川の東岸一帯のなかで飛鳥寺の南方に造営された最初の宮殿が飛鳥岡本宮《あすかのおかもとのみや》である。岡本とは飛鳥の岡と呼ばれる丘陵（岡寺が営まれた）の麓に位置することからのいたってシンプルな命名である。

この宮殿の主人となったのが敏達天皇の孫にあたる舒明《じょめい》天皇であった。彼は敏達の皇后であった推古天皇の遺詔により皇位を継承した。このように前天皇の指名を受けて即位した最初の天皇がこの舒明である。それは、推古から馬子の後継者として早くから目を掛けられていた蝦夷の尽力の賜物であった。蝦夷とすれば、それは恩顧ある推古の命を忠実に実行したにすぎない。推古から期待されていた蝦夷だけに、推古と亡父馬子の手で切り拓かれた地域に新天皇舒明の王宮を造営すべきと考えたのであろう。

この飛鳥岡本宮は、飛鳥京跡（通称、伝飛鳥板蓋宮跡）I期遺構がこれにあたる。この遺構は建物の方位が南北に合わせて造られておらず、北で約二〇～二五度西にふれるという特徴が見られる。このように当時の地形に制約されて斜行する遺構と

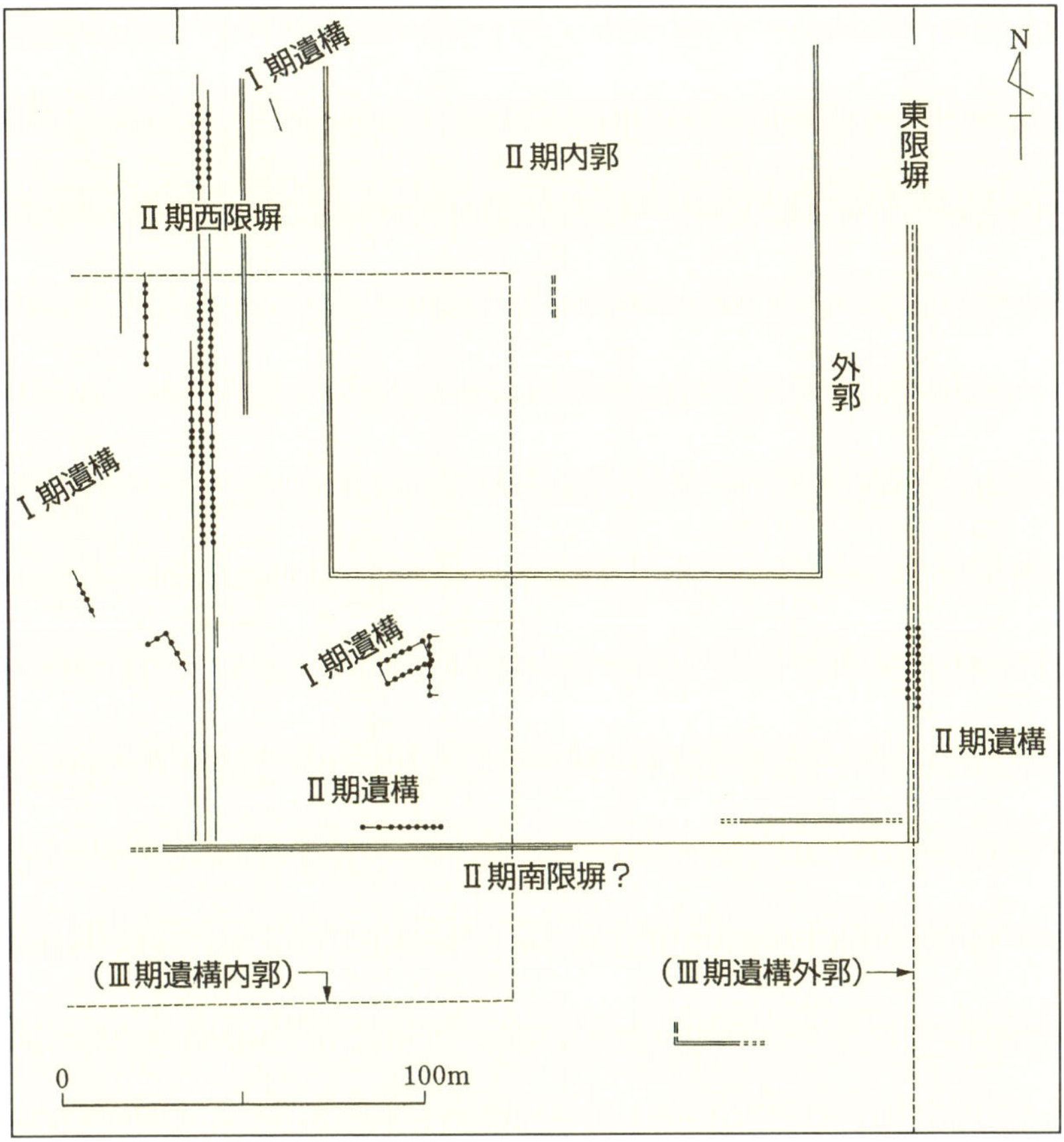

飛鳥宮跡Ⅰ・Ⅱ期遺構（『続明日香村史』上巻）

しては、わずかに石敷き、石列、柱列などが確認されているにすぎない。その年代は七世紀の第2四半期から七世紀中頃と考えられており、飛鳥岡本宮の存続期間と合致する。しかも、この遺構の柱列の柱抜き取り穴からは多量の炭や焼土が見つかっており、岡本宮焼失の記事と符合するのである。

さらに蝦夷は、舒明の生母である糠手《あらて》姫《ひめの》皇女《みこ》（敏達皇女）のために飛鳥岡本宮から見て東南にあたる位置にあった馬子邸を改造して提供した。これが嶋宮であり、後年、七世紀後半の天武天皇の時代には皇嗣である草壁皇子《くさかべのみこ》*の宮殿となる。それは天武の飛鳥浄御原宮《あすかのきよみはらのみや》から見ると東宮（御所）に相当する位置にあった。

さて、飛鳥岡本宮が完成する約二ヵ月前（六三〇年八月）、隋帝国に取って代わった唐帝国への最初の使い（第一次遣唐使）が派遣されている。このようなタイミングから考えれば、岡本宮造営が唐帝国に対し天皇の権威と権力を可視的に示すために計画されたことは想像に難くない。満を持して唐との正式な国交を開くにあたって、飛鳥中心部にいよいよ本格的な王宮を築くことにしたのであろう。

翌々年（六三二）には遣唐使の帰国に同行した唐使の高表仁《こうひょうじん》がやって来た。唐使一行が岡本宮に迎えられたことは間違いない。倭国側の記録では、この時の唐使との交渉に何ら問題は出来しなかったようにされている。だが、唐側の記録（『旧唐書』倭国伝）によれば、高表仁は倭国の王子と礼を争った*結果、朝命（皇帝の命令）を宣することなく、怒って帰国してしまったという。

---

* **草壁皇子**　天武とその皇后鸕野讃良《うののさらら》皇女（持統天皇）とのあいだに生まれた。天武天皇の皇子中で筆頭の位置にあり、「皇子尊《みこのみこと》」と呼ばれたが、早世のため即位できなかった。

* **倭国の王子と礼を争った**　倭国が唐に朝貢しながらも冊封を頑として拒否していることに唐側から疑義が呈されたのではなかったか。

舒明と蘇我氏の対立？

飛鳥岡本宮は完成から約六年後（六三六年六月）、火事で焼失してしまう。それは全焼に近い惨害だったようで、舒明は近隣の田中宮*に避難し、ここにしばらく滞在している。

その後、摂津の有間《ありま》の温湯宮《ゆのみや》などに行幸、舒明十一年（六三九）には岡本宮の再建を事実上断念することを公表、飛鳥の地をひとまず離れ、百済川のほとりに王宮と寺院を並べ建てることを宣言するにいたるのである。これが百済大宮と百済大寺（後に大官大寺、大安寺）である。

いわゆる飛鳥の地は、推古と馬子の共同で切り拓かれた特別な場所であり、だからこそ蝦夷もここに舒明の王宮を造営したわけであるが、舒明がそのような構想から距離をおこうとしていたことがうかがわれる。舒明にすれば、彼の祖父でありその皇統の始祖にあたる敏達天皇の王宮が営まれた磐余のなかの百済という土地に飛鳥よりも執着があったかのように見られる。

これはたしかに表面上、舒明が蝦夷や蘇我氏に抗って、飛鳥ではなく百済の地に自身の独自の拠点を築こうとしたとも考えられる。しかし、百済大宮・百済大寺の造営総指揮にあたったのが蘇我氏の配下倭漢書氏《やまとのあやのふみ》の県《あがた》という人物だったことを見れば、蝦夷や蘇我氏による造営への一定の関与を想定せざるをえないであろう。

舒明十三年（六四一）十月、舒明は百済大宮において崩御、結局、百済大寺は未完成のままとなる。舒明に代わって即位したのがそのキサキだった皇極天皇であっ

＊田中宮　橿原市田中町に田中廃寺があり、田中宮を改造した寺院跡の可能性がある。

た。彼女の即位は舒明の遺詔によるはずである。

皇極は百済大宮を支配の拠点として受け継ぐことなく飛鳥に戻る決意をした。その意味で新天皇は推古と馬子の構想を受け継ぎ、飛鳥に都市的空間を築くことを宣言したに等しいであろう。皇極は即位早々、蝦夷に命じて岡本宮の跡地に王宮の造営を命じた。これが当時においては斬新な木製の屋根を冠した飛鳥板蓋《いたぶき》宮である。蝦夷と蘇我氏には未完成だった百済大寺の造営も委ねられることになった。

飛鳥板蓋宮跡は飛鳥京跡のⅡ期遺構にあたる。最上層のⅢ期遺構の破壊をともなうため、その発掘は部分的なものにとどまらざるをえないが、宮殿中枢部を囲んだ柱列跡が確認されている。南は一本柱列と石組み溝、東は二本の柱列、西は三本の柱列で区切られており、その範囲は東西約一九三メートル、南北約一九八メートルを測る。これらによって中枢部が囲まれていたと見られるのであるが、宮殿中枢をなす建物は未発見である。

朝鮮動乱の余波

皇極の時代に入り、唐と高句麗《こうくり》との戦争が避けられないものとなり、朝鮮半島の軍事的な緊張が一挙に高まった。高句麗と百済は協同して新羅を侵し、新羅は頻りに唐に救援をもとめた。

そのような情勢のなかで懸案の「任那の調《みつき》」の貢納は新羅から百済に移管されることになった。それは、百済の新羅西部への大挙侵入*により、かつての任那の地が新羅領から百済領に変更されたためであった（六四二年）。今後は百済が「任那の

---

* **新羅西部への大挙侵入**　義慈王は自ら軍を率いて新羅に侵入し、四十余城を攻め落とした。また将軍允忠に命じて大耶城を攻略させた。

調」を納めることの担保となる人質（王子余豊璋《よほうしょう》）も翌年にはやって来ている。

かくして飛鳥板蓋宮は、「任那の調」に代表される朝鮮三国からの朝貢の使いを迎え、天皇が唐帝国に次ぐ大国の主として貢納物を受け取る政治的に重要な舞台となった。そのような儀礼空間において、蘇我氏の若き族長、入鹿がテロによって簡単に倒されるとは誰も予想できなかったに違いない。蘇我氏の歴代が、天皇とその権威や権力を強化するために営々と創り上げてきた政治的空間において、その本家の命運が尽きることになろうとは何とも皮肉な話であった。

この政変を起こしたのは、古人大兄によって皇位への望みを絶たれた皇極の弟軽皇子《かるのみこ》と、蝦夷から入鹿への「禅譲」によって蘇我氏の族長の座を逸した蘇我倉山田石川麻呂を中心とするメンバーであった。従来、事件の中心人物といわれてきた中大兄皇子や中臣鎌足らは、あくまで政変の実行部隊にすぎなかった。中大兄と鎌足を中心に描かれた歴史が登場するのは、つぎの奈良時代の天皇が中大兄（天智天皇）と鎌足（藤原氏）両方の血統を受け継いでいることが権威の源と認識されるようになったためであった。

政変の成功により、麻呂は念願の蘇我氏族長の座を手に入れた。これまで蘇我氏本家が中心となって行なってきた天皇の権威と権力を可視的に高めるという事業は、今後麻呂とその家系によって担われていくことになる。それでも、これまで約半世紀にわたり飛鳥の地に都市的空間を創り出す使命を担ってきた一族が突如退場したことにより、この国家的事業は一時的に停滞せざるをえなかったのである。

四 飛鳥、その後

飛鳥から難波へ　蘇我氏本家が滅び去った後、彼らの手で創られた飛鳥がどうなったかを見とどけることにしよう。

蝦夷・入鹿の滅亡後、それを機に皇極は弟の軽皇子に皇位を譲渡した。史上初の生前譲位を受けた孝徳天皇の誕生である。孝徳は皇極により次期天皇と定められていた古人大兄皇子を暴力的手段によって排除して皇位を継承したので、それを不問に付してもらうためにも、皇極がめざす飛鳥における都市的空間の完成に向けて全面的な協力を約束せざるをえなかった。

いわゆる倭京《やまとのみやこ》をできるだけ早く完成させるには、民衆からの物資や労力の徴収と動員をこれまで以上に大規模かつ円滑に行なえる体制を築く必要があった。他方で唐帝国の軍事的な圧力に対抗するためにも、従来の民衆支配システムを抜本的に改造することは不可避の課題だったのである。孝徳は皇位継承の引き換え条件として、この改革を請け負ったのであり、この改革が後世、大化改新《たいかのかいしん》*と呼ばれることになる。孝徳の政権が飛鳥から難波《なにわ》へと拠点を移したのも、このような一大改革を

＊ **大化改新**　部・屯倉を通じて民衆から物資や労力を徴収するシステムを改め、五十戸を支配の基礎単位と定めた。さらに部・屯倉を個々に管理する豪族層の世襲職も廃し、彼らを官僚に転身させた一大改革。

強力に断行するためであった。難波を中心とする摂津・河内・和泉地域は孝徳らの勢力基盤だったのである。

ところで、蝦夷は生前、皇極の命を受けて百済大寺や飛鳥板蓋宮を造営するにあたり、従来よりも大規模な労働力の徴発・動員*を試みていた。それは、従来よりも短期集中で大型建造物を造営するためには必要な措置だったと見られる。そのような実験を蝦夷や蘇我氏が行なっていたことからすれば、孝徳政権が行なおうとした改革は、実は蝦夷・入鹿の段階ですでに立案・検討されていた可能性があろう。蝦夷や入鹿はその生命や地位・財産のみならず、彼らが長年温めてきた政策プランまで奪われたのである。

蝦夷・入鹿が滅ぼされてわずか四年後（六四九年）、改革が進められるなかで蘇我倉山田石川麻呂は孝徳と確執を深め、ついに難波を出奔し、飛鳥の北東辺で造営中の山田寺まで逃れて来た。彼はここで自害を遂げることになるが、舒明末年から始められていた山田寺造営がこの時期も継続中だったのは、飛鳥における都市的空間の建設が乙巳の変後も行なわれていたということであろう。

倭京の完成―帝国の証明　孝徳による改革は一定の成果をあげたと見られるが、孝徳が崩御すると、皇極は再び即位して斉明天皇となった。斉明の即位は後世の重祚《ちょうそ》とは異なり、再び即位することは当初より予定されていたのではないかと思われる。

＊　**労働力の徴発・動員**　蝦夷は百済大寺の完成のために「近江と越」から、飛鳥板蓋宮造営のために「東は遠江を限り、西は安芸を限りて」役民の徴発を行なわせている。

斉明は躊躇することなく再び飛鳥に戻ると、かつての飛鳥板蓋宮の地に新たな王宮を造営する。また、小墾田宮を瓦葺《かわらぶき》に改造しようとするが、これは失敗に終わっている。宮殿を板蓋や瓦葺にしようとするなど、その発想は斬新で独創的であったといってよい。

さて、飛鳥における新宮殿の造営にはいわゆる大化改新の成果が投入されたはずである。民衆支配システムを大きく改造したことにより、従来よりも大量の物資や労力の徴発が可能になり、それが新しい王宮と都市的空間の造営・整備に一挙に投入されたわけである。

こうして完成したのが後飛鳥岡本宮《のちのあすかのおかもとのみや》であり、その北西には大規模な苑池施設も造営された。

飛鳥京跡、Ⅲ―A期遺構が後飛鳥岡本宮跡である。その中枢部は内郭と呼ばれ、一本柱列の塀で囲まれた南北一九七メートル、東西一五二〜一五八メートルの範囲である。内郭を区切る一本柱列は北面・東面・南面で確認されている。柱間は約二・七メートル、柱列から約三メートル離れた両側の位置に石組み溝が設けられていた。

内郭の南区画には南門のほか四面庇《ひさし》付きの大型建物と脇殿や庭があったことが判明している。大型建物の北端から内郭北区画にかけては石敷き通路が設定されており、これは天皇がいわゆる内裏から出御する時に通る道と見なされている。内郭の南区画の東部には南北棟建物が二棟並んでいたようである。

内郭北区画と南区画とは三列の塀で区切られている。北区画には中軸線に大型建物が南北に並んで建てられており、その北方には長廊状の建物が数棟あった。大型建物は東西八間×南北四間で南北に庇がある。この一帯は人頭大の石が敷きつめら

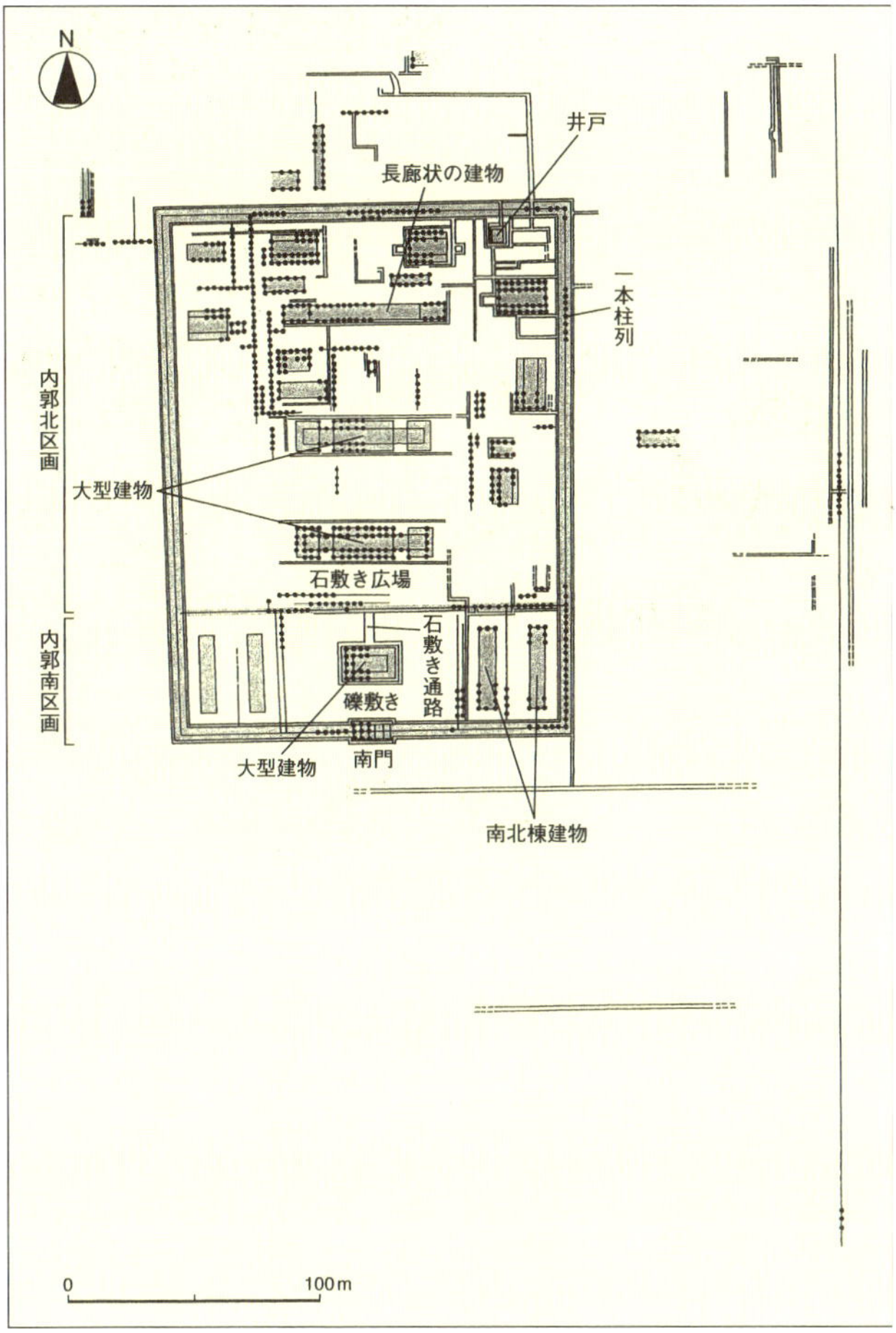

飛鳥京跡Ⅲ期遺構
（鶴見泰寿『古代国家形成の舞台飛鳥宮』新泉社）

酒船石遺跡の北麓にある亀形石造物

れており、いわゆる内裏《だいり》に相当する特殊な空間であったことがうかがわれる。

さらに、王宮の東にあった丘には石垣が積み上げられ（酒船石《さかふねいし》遺跡）、これを道教における神仙郷、中国から見て東海の彼方に浮かぶという蓬莱山《ほうらいさん》に擬したようである。王宮の北西の儀礼空間には同じく道教の説くユートピアの一つである崑《こん》崙山《ろんさん》*を模したと見られる石造物（いわゆる須弥山《しゅみせん》石）を設置した。また、飛鳥の東の多武嶺《とうのみね》の山頂には垣で囲まれた高殿《たかどの》*を建造し、飛鳥の南方に位置する神仙郷と

＊崑崙山　大地の中央にあるが、中国から見ると北西に位置する。天に届くほどの高山で神仙の住む天への通り道とされる。

＊高殿　両槻宮《ふたつきのみや》、または天宮《あまつみや》（仏教の忉利天宮《とうりてんきゅう》のことか）と呼ばれた。いずれにせよ宗教的施設である。

された吉野の地にも拠点となる宮殿、吉野宮を造営した。

以上のように道教の思想や世界観などに依存しながら、飛鳥川東岸の一帯に斉明の手により倭京とよばれる都市的空間がついに完成するにいたるのである。推古と馬子以来の悲願というべき完成した倭京は、後に形成されるいわゆる藤原京*の土台となるが、それは倭国において中国に対抗しうる帝国（中国の大天下に対する倭国の小天下）が樹立されたことを誰の目にも分かるようにあらわすものであった。

帝国の膨張―海外派兵へ

このように、王権支配の拠点となる倭京を完成させ、唐帝国に抗しうるという自信を強めた斉明とその政権は遣唐使（第四次）*を企画し、この機に将軍阿倍比羅夫《あへのひらぶ》の北方遠征によって捕虜とした蝦夷《えみし》の男女をわざわざ唐の皇帝に献上*している。倭国が唐帝国に朝貢する一国にすぎないとはいいながら、唐の皇帝と同様に、その支配領域の東北辺には朝貢する異民族を従属させていることを誇示したかったのである。

やがて斉明が唐によって滅ぼされた百済の軍事的救援にふみ

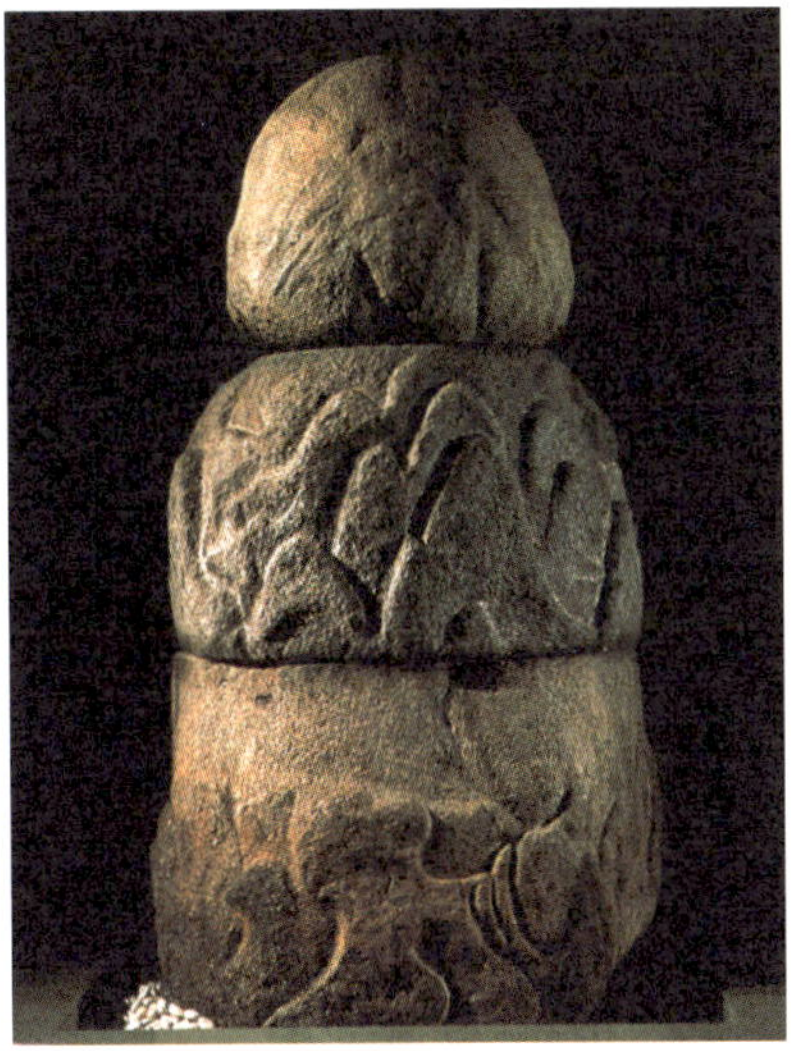

須弥山石
（飛鳥資料館蔵）

* **藤原京**　持統天皇の時に完成した藤原宮を中心とした我が国初の本格的都城。正式な呼称は新益京《あらましのみやこ》といった。
* **遣唐使（第四次）**　大使は坂合部石布《さかいべのいわしき》、副使は津守《つもりの》吉祥《きさ》。伊吉博徳《いきのはかとこ》の随行記録が一部伝えられている。
* **唐の皇帝に献上**　高宗は「朕・蝦夷の身面の異なるを見て、極理《きまわ》りて喜び怪《あやし》ぶ」と述べたといわれる。

切ることになったのも、このような帝国意識と無関係ではなかった。百済救援の無謀とも見える企ては未曾有《みぞう》の敗戦となって終わることになる。過剰な帝国意識を生み出す土台となった倭京を創り出すのに測り知れない貢献をしたのは、たしかに蘇我氏であった。しかし、蘇我氏が乙巳《いっし》の変で滅び去ることがなければ、はたしてこのような軍事的冒険主義に闇雲に走ったかどうか、それは今となっては永久にわからない。

III

蘇我氏の飛鳥を歩く

飛鳥寺

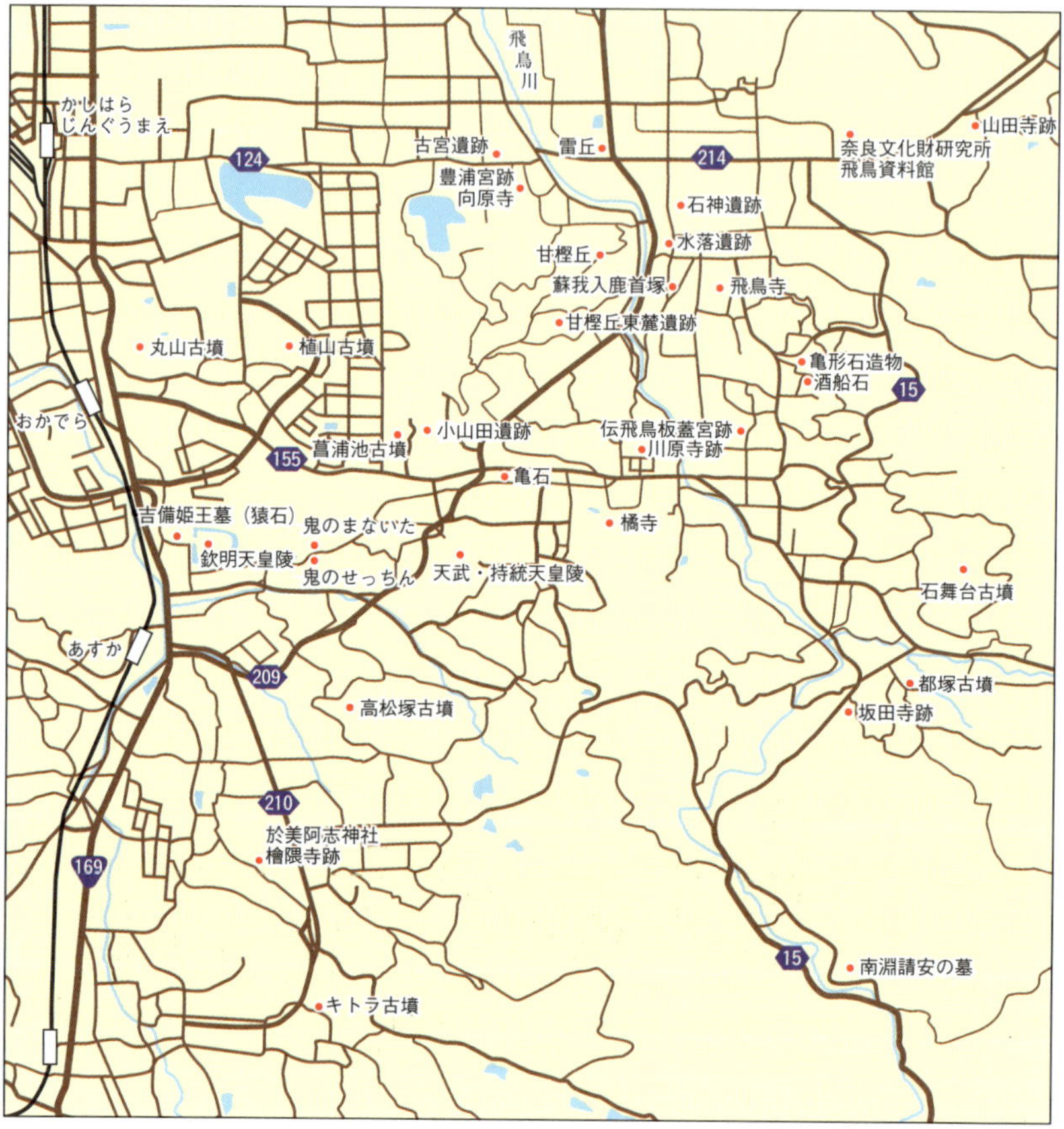

かしはら
じんぐうまえ
飛鳥川
古宮遺跡
雷丘
124
214
山田寺跡
奈良文化財研究所
飛鳥資料館
豊浦宮跡
向原寺
石神遺跡
甘樫丘
水落遺跡
蘇我入鹿首塚
飛鳥寺
甘樫丘東麓遺跡
丸山古墳
植山古墳
亀形石造物
酒船石
15
おかでら
小山田遺跡
伝飛鳥板蓋宮跡
菖蒲池古墳
川原寺跡
155
亀石
吉備姫王墓（猿石）
鬼のまないた
橘寺
欽明天皇陵
鬼のせっちん
天武・持統天皇陵
石舞台古墳
あすか
209
都塚古墳
坂田寺跡
高松塚古墳
210
於美阿志神社
檜隈寺跡
169
15
南淵請安の墓
キトラ古墳

蘇我氏と飛鳥関係地図

豊浦寺跡

甘樫丘の北西の麓、豊浦の集落内に所在する。現在は向原（広厳）寺という寺院の下層にその寺院跡はある。さらにその下層にはこの時期の宮殿に特有の石敷きの遺構が見つかっている。これは推古天皇の豊浦宮の跡と考えられ、その上層に営まれた豊浦寺とは馬子の後継者である蝦夷が自邸近くに造営した尼寺（正式名は建興寺）と見なすことができる。

現在の向原寺の名が、欽明天皇の時代、稲目が百済から贈られた仏像を安置したという「向原の家」に由来するとすれば、豊浦宮はこの「向原の家」を受け継ぐものであったことになる。推古は祖父稲目の邸宅を継承して自身の最初の宮殿としたのであろう。蝦夷は「豊浦大《おおまえ》臣《つきみ》」の通称があるので、推古が豊浦宮から小墾田宮に遷った後、豊浦宮の跡地が蝦夷に下賜され、彼は自邸に隣接する場所に豊浦寺を建立したと考えられよう。

瓦の同氾関係からいって、馬子の営んだ僧寺、飛鳥寺と対になる存在であったことが明らかになっている。南から北に向けて塔・金堂・講堂が一列に並ぶ伽藍配置で、西側に南北に長い尼房が配置されていた。門は東向きに開いている。いわゆる四天王寺式の伽藍配置である。現在の向原寺の真下に南北一五メートル以上、東西三〇メートル以上の規模の創建期の講堂（礎石建物）があったことが確認されている。

豊浦宮跡の北西すぐ近くの所にかつて小墾田宮跡とされた古宮遺跡（古宮土壇）がある。小墾田宮は別の場所

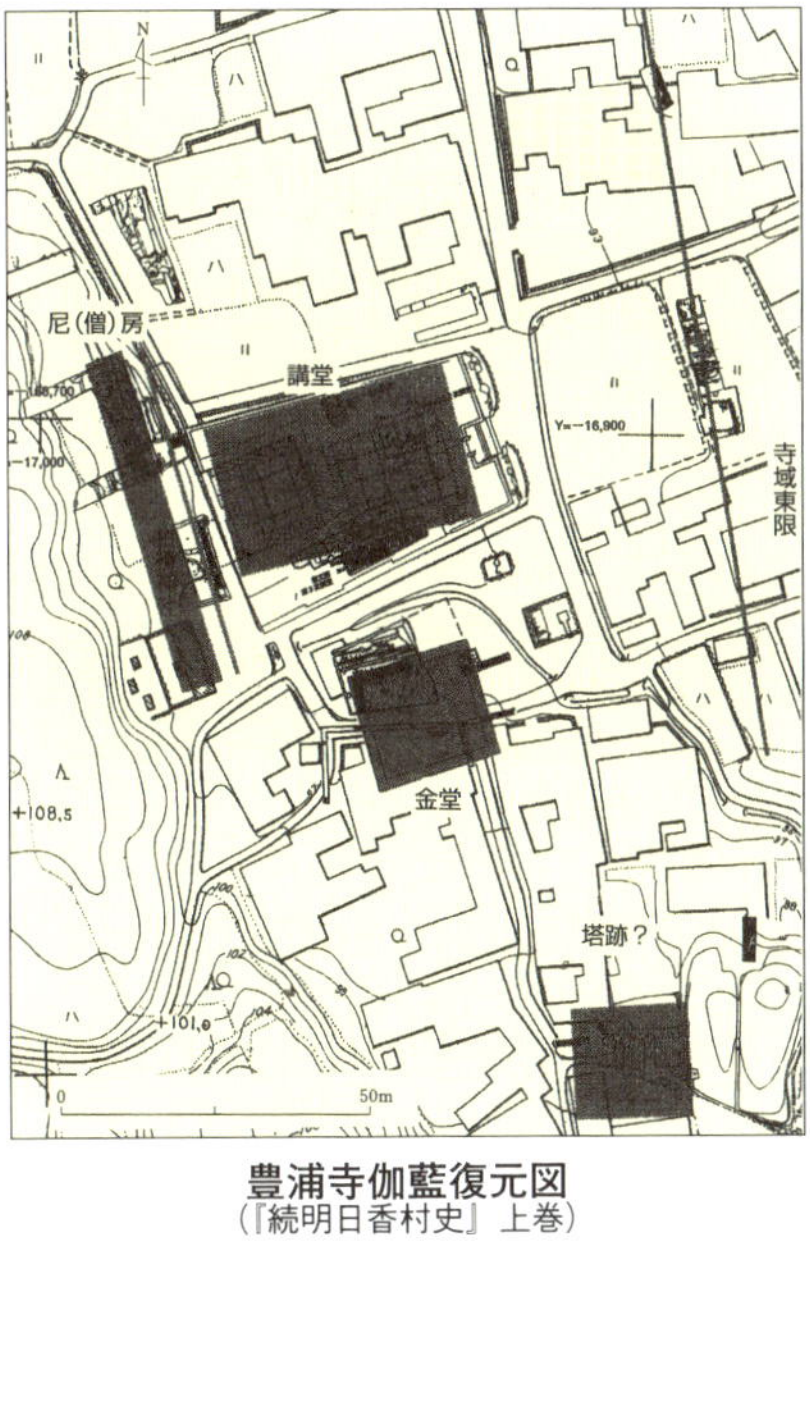

豊浦寺伽藍復元図
（『続明日香村史』上巻）

にもとめるのが妥当なので、これは蝦夷邸内に造られた苑池の遺構ではないかと考えられている。

島庄遺跡

石舞台古墳に隣接し、馬子の邸宅跡とされる遺跡。もともと畝傍山《うねびやま》の東南麓、軽の範囲内に居宅を構えていた馬子がここに移住したのは、推古天皇が豊浦宮から小墾田宮に遷ったのにともなうのではないかと見られる。邸内の苑池に道教の神仙世界をかたどった嶋があったことから、馬子は「嶋大臣」の通称でよばれた。馬子の亡き後は、おそらく蝦夷の手で改造されて天皇家に提供されて嶋宮となった。

嶋宮に当初住んだのは、舒明天皇の母で「嶋皇祖母命《しまのすめみおやのみこと》」と呼ばれた糠手姫皇女《あらてひめのみこ》と皇極天皇の母「吉備《きび》嶋皇祖母」こと吉備姫王らであったと見られる。吉備姫王はここを拠点にして出挙《すいこ》（稲の高利貸し）という経済活動を行ない、一定の利益をあげていたようである。

島庄遺跡

石舞台古墳の駐車場の道を挟んだ北側で一辺四二メートルの方形池が確認されており、これは七世紀の第1四半期の築造であるから、まさに馬子の時代の所産である。池は石を積み上げて護岸がなされ、池底には石が敷き詰められていた。これが馬子邸内に造られた苑池であるとすれば、池中に嶋があるはずなのだが、それは確認されていない。そのためたんなる溜め池ではないかとの意見もある。この時期、方形池の南方には五間×三間の大型建物が何棟か建てられていたことが判明している。つぎの第2四半期になると、方形池の周辺が拡張・整備された模様であり、これは馬子邸が嶋宮となったことに対応しているのであろう。

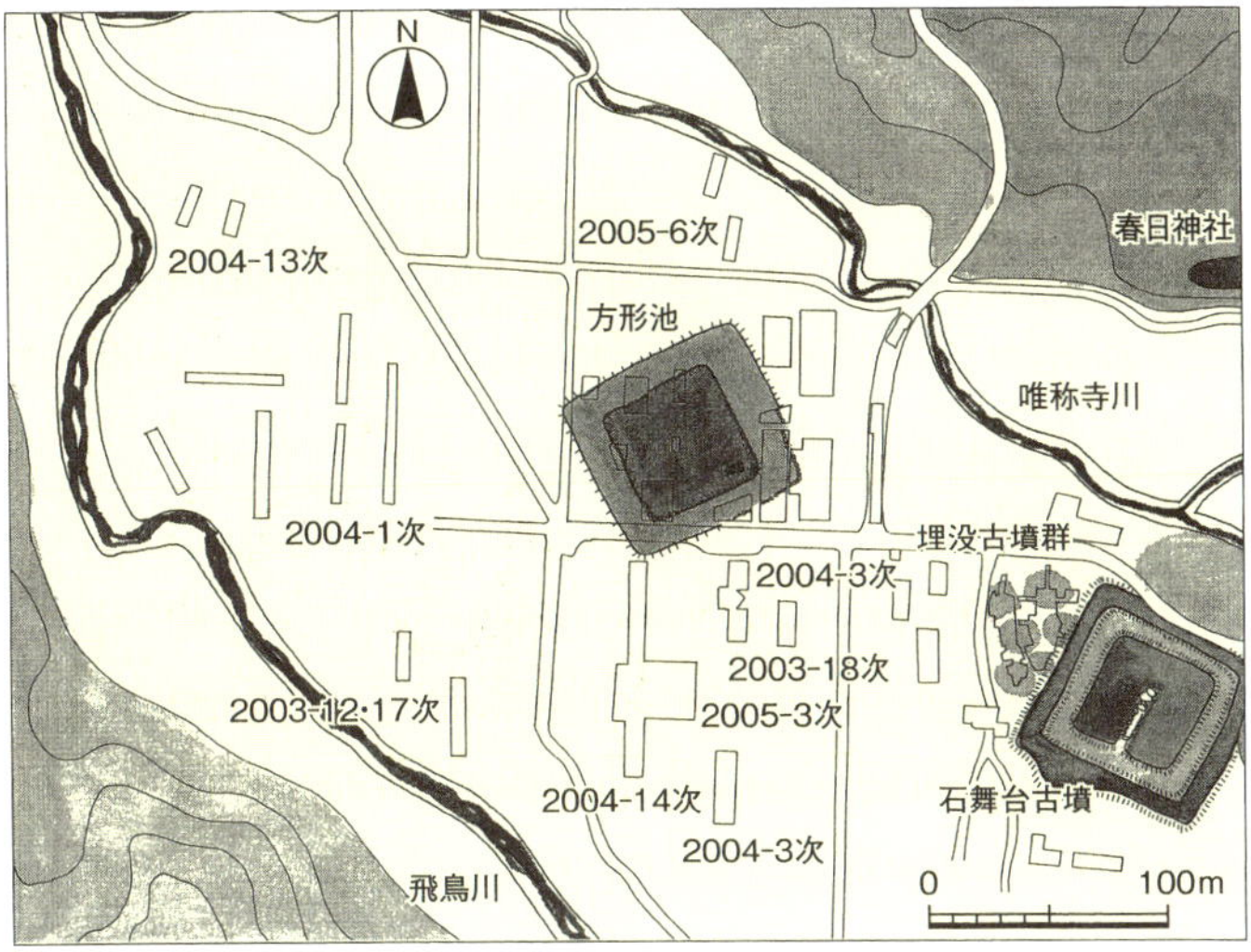

島庄遺跡周辺の調査
（『蘇我氏三代と二つの飛鳥』新泉社）

甘樫丘東麓遺跡

飛鳥川の西岸、飛鳥寺や飛鳥京跡などをあたかも見下ろすように南北に長々と横たわる丘陵が現在甘樫丘《あまかしのおか》と呼ばれているものである。かつては豊浦山と通称されており、これがはたして本当に甘樫丘であるかどうかは明証があるわけではない。ちなみに、甘樫坐《あまかしにいます》神社は甘樫丘の北西麓にある向原寺（豊浦寺跡）の裏手にある（盟《く》神《が》探《たち》湯神事で有名）。また、これが古代の甘樫丘であるとしても、その地形や形状は中世以降さまざまな改変を受けているはずである。

その南東部、国営飛鳥歴史公園甘樫丘地区の駐車場とその奥の谷地に遺跡は存在する。現在、遺跡の説明板などはない。

遺跡の東端、入り口の部分からは焼けた壁土や建築部材、土器などが発見されている。それは、入鹿が飛鳥板蓋宮で暗殺された後、蝦夷が自邸で討たれる直前に一族の累代の財宝などをすべて焼き払ったと見え、その火が延焼して蘇我氏の邸宅が焼亡した痕跡と解することも可能である。さらに、その奥には谷地を大規模に切り拓いて平坦地を造り出した場所があり、そこからは七世紀前半の建物跡五棟と塀跡、石垣、倉庫跡などが発見されている。七世紀後半になると、ここが埋め立てられ、建物・塀・石敷きが築造されている。

　このように甘樫丘の谷地と呼ぶべき場所から七世紀前半の遺構が見つかっていることから、これが入鹿の「谷《はさま》の宮門《みかど》」跡ではないかと話題を集めたが、残念ながらその中枢部分は未発見である。

甘樫丘東麓を北方より望む

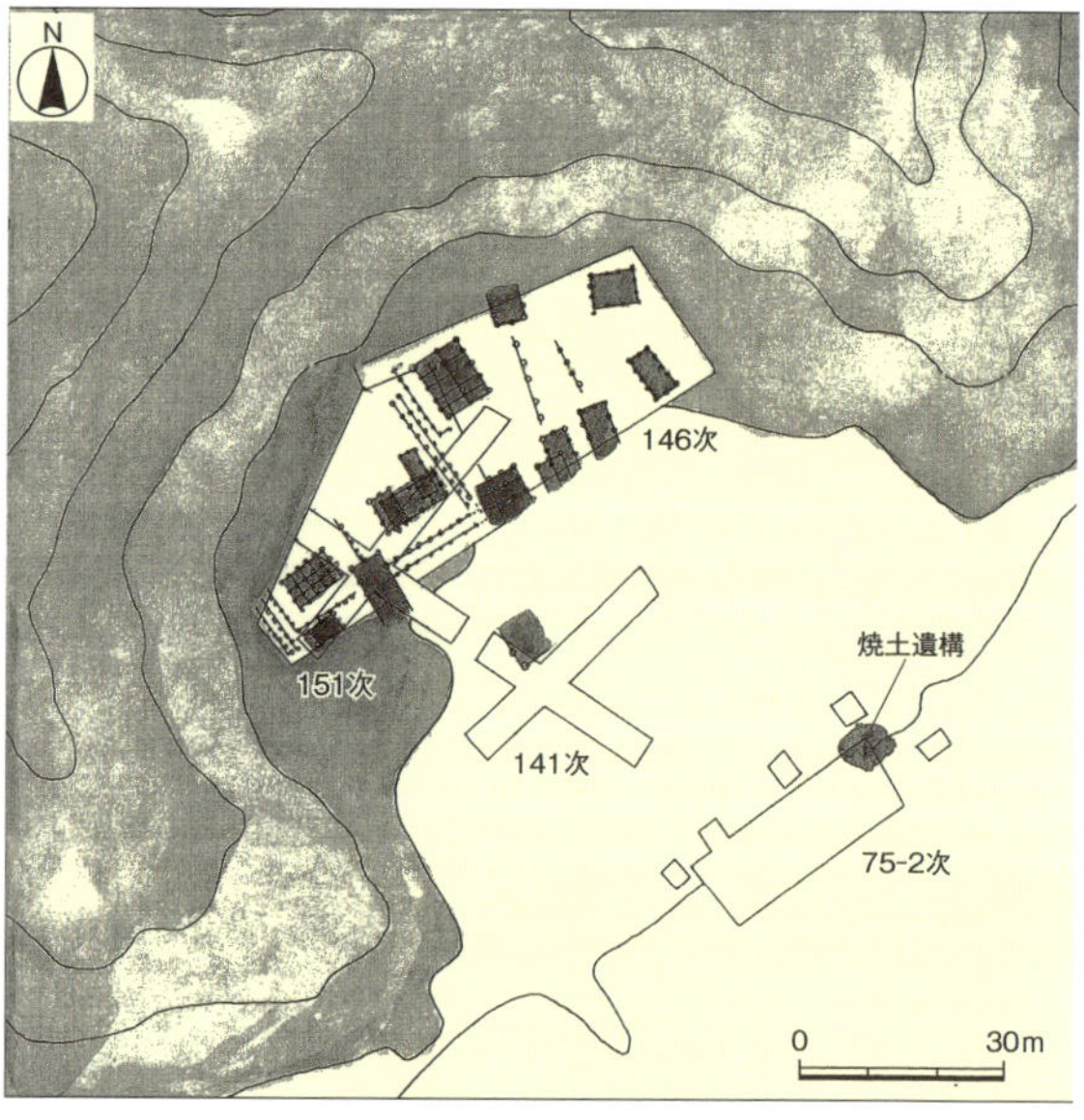

甘樫丘東麓遺跡の遺構
(『蘇我氏三代と二つの飛鳥』新泉社)

軽樹村坐《かるのきむらにいます》神社

稲目・馬子時代の蘇我氏の勢力圏内にあった神社であり、畝傍山の南麓に位置する。『万葉集』巻第十一の二六五六番の歌に見える「天《あま》飛ぶや軽の社の斎槻《いわいつき》」は、この神社に聳え立っていたケヤキのことと見られる。現在の神社は軽のチマタからは西に約一・六キロ離れた位置にある。

軽の範囲内には、稲目が高句麗から得た美女媛《おみなひめ》とその従女を住まわせたという「軽の曲殿《まがりどの》」、馬子の邸宅で物部守屋との決戦前夜に馬子軍の本営になったと見られる「槻曲《つきくま》の家」があったと考えられる。前者「軽の曲殿」の「曲」は、軽の地域内にあったと思われる伝承上の宮殿、懿徳《いとく》天皇の軽曲峡《まがりお》宮の曲峡と関係するようである。後者の「槻曲の家」の「曲」は河川が湾曲する部分を指すとすれば、この神社近くを高取川が流れており、ちょうどカーブを見せる地点があるので、あるいは「槻曲の家」はこの神社周辺にあったと見なしてよいであろう。

軽衢《かるのちまた》跡

稲目・馬子の頃の蘇我氏の勢力圏内にあった交通の要衝であり、東西に走る阿倍山田道の延長道路と南北道である下つ道がクロスする地点。現在の近鉄橿原神宮前駅の東口にある丈六交差点の付近にあたる。ただ、阿倍山田道はかつて現在位置よりも南にあったとされる。

丈六交差点

ここから南に向かえば上り坂となるが、これが厩坂《うまやさか》ではないかといわれる。厩坂は応神天皇の時代に百済王の命令で渡来し良馬二頭を献じた阿《あ》直伎《ちき》がその馬を飼育したという「軽の坂上」にあたる。ここには舒明天皇が一時住んだ厩坂宮、興福寺の前身をなす厩坂寺があったとされる。
推古天皇の生母、蘇我堅塩媛《きたしひめ》を欽明天皇陵に改葬するさいにこの地で誄《しのひごと》をたてまつる儀礼が行なわれたとされる。これは、改葬される前の堅塩媛の墓所がその付近にあったのであろう。軽衢の位置から最も近くにある古墳は五条野丸山古墳であるので、この古墳が堅塩媛の初葬墓であり、その父稲目との合葬墓であった可能性が高いことになる。とすれば、堅塩媛が改葬された欽明陵は五条野丸山古墳の南にある平田梅山古墳と見なすことができよう。

古宮遺跡（土壇）

明日香村を走る亀バスも往来する豊浦寺跡の北の道を橿原神宮前駅の方向に向かって真っ直ぐ行く途中に見える。いわゆる阿倍山田道の延長線上という交通の要地にあり、古くから宮殿施設があったのではないかと伝承されてきた場所であるが、現在は田畑のなかに木が一本立っているだけで説明板なども見られない。

古宮遺跡

かつては推古天皇の小墾田宮跡の有力候補とされていた。しかし、現在までここで見つかっているのは主に苑池遺構である。それは、七世紀の川原石によって護岸された大溝のほか、同時期の庭園遺構や掘立柱建物跡などである。庭園内部は玉石組の小池、S字型に長々と伸びた玉石組小溝があり、その周囲は石敷きとなっている。いわゆる曲水庭園の遺構と見られ、我が国最古に属するとされている。

現在、小墾田宮は雷丘東方からその南方にかけての一帯にあったと考えられているので、蝦夷が創建した豊浦寺跡に近いこの遺跡は、むしろ蝦夷邸に付属するものではないかとの説が有力である。

雷丘《いかずちのおか》東方遺跡

馬子や蘇我氏によって造営された推古女帝の二つ目の宮殿、小墾田宮の候補地として注目されている遺跡である。文字どおり雷丘の東方に拡がることから、このように呼ばれている。

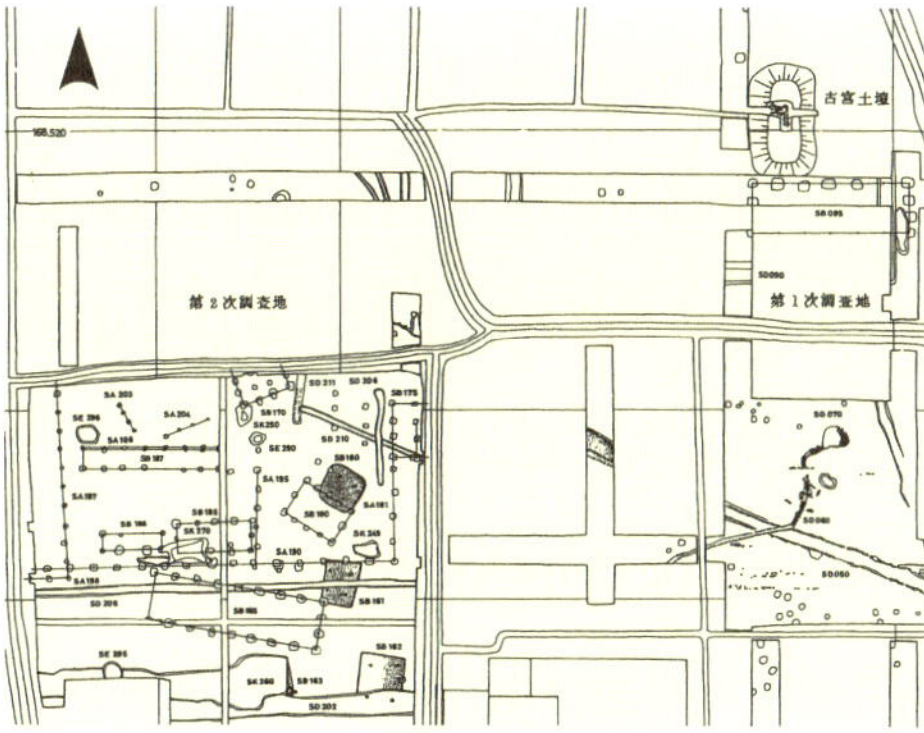

古宮遺跡苑地遺構図
（『続明日香村史』上巻）

小墾田宮は、推古天皇が崩御した後、皇極（斉明）天皇も居住したことがあり、その屋根を瓦葺きにしようとしたが失敗している。壬申の乱で両軍による争奪対象となった小墾田兵庫もこの宮殿に付属する施設だったはずである。以後しばらく廃絶していた時期があったようだが、奈良時代後半に再び利用されるようになり、淳仁天皇や称徳天皇（女帝）がそれぞれ行幸のさいに立ち寄っている。

この遺跡で見つかっているのは、七世紀後半から九世紀前半にかけての掘立柱建物、掘立柱塀、溝などであって、八世紀末～九世紀初頭の大井戸から「小治田宮」と墨書された土器が発見されたことから、ここが奈良時代の小治田宮（これが奈良時代の表記）の跡であることが明らかになった。推古の時代の小

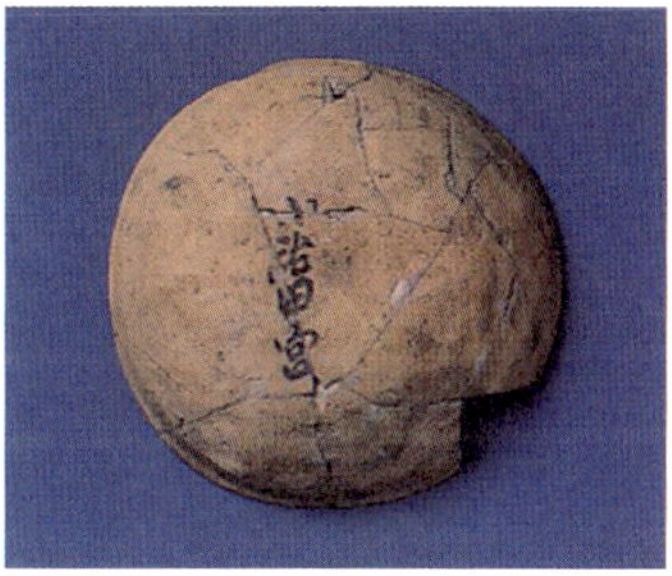

「小治田宮」墨書土器
（明日香村蔵）

墾田宮の中枢はここよりも南に存在したようで、迎賓施設の遺構といわれている石神遺跡の発掘調査地の東端部が現在有力な候補地と見なされている。また、石神遺跡の一画から大量の鉄鏃が出土する地点があるので、ここが小墾田兵庫の跡ではないかと見る説もある。

飛鳥寺跡

いうまでもなく我が国最初の本格的な寺院であり、正式名を法興寺《ほうこうじ》といった。平城京に遷った後は元興寺《がんごうじ》と称されることになる。

伝承レヴェルでは蘇我馬子が物部守屋と戦ったさいに戦勝を祈願したのが始まりといわれるが、実際には推古天皇と馬子の共同の発願による寺院と見なすべきである。たんに本格的な寺院第一号というだけでなく、飛鳥川東岸の地に都市的空間を創り出すための第一歩となった記念碑的な建造物といってよい。その意味でも蘇我氏のたんなる氏寺ではありえなかった。ちなみにこの寺が造営された場所は真神原《まかみはら》（真神とはオオカミのこと）と呼ばれ、もともと飛鳥衣縫《きぬぬい》氏という渡来系氏族の居宅があったと伝えられる。

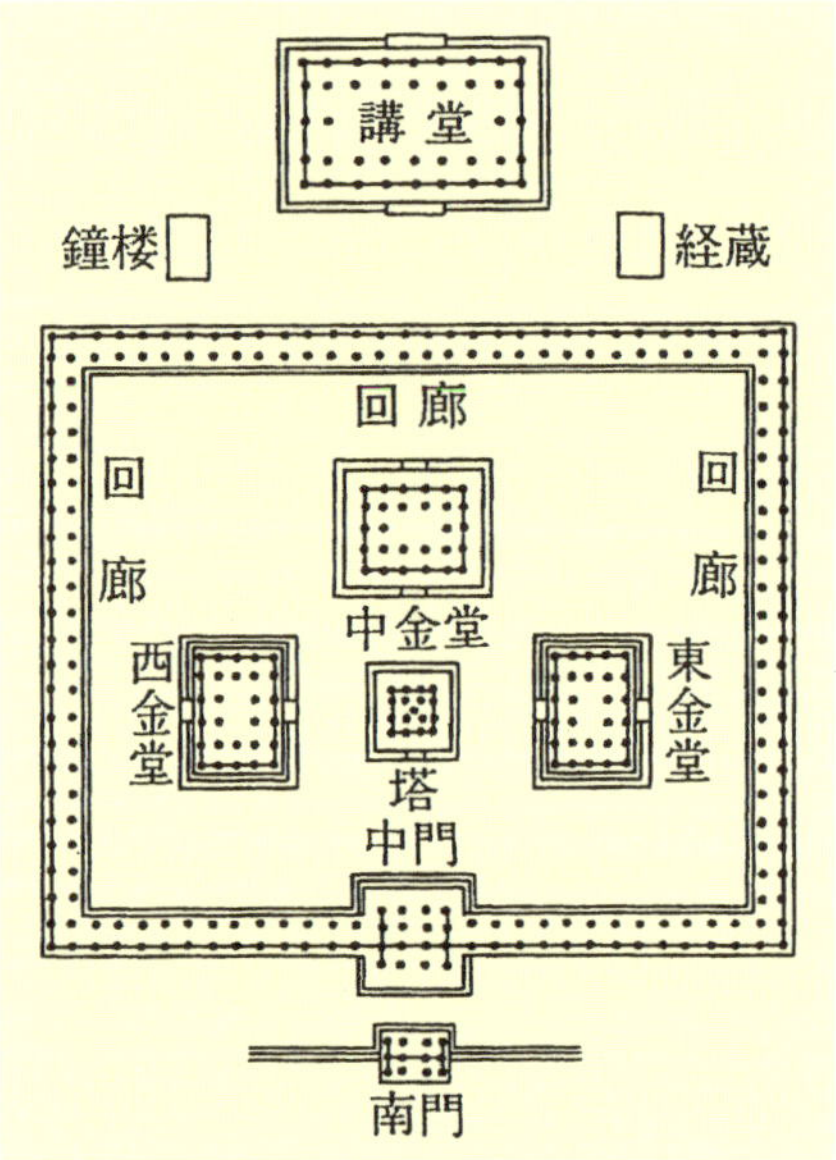

飛鳥寺伽藍配置図

発掘によって明らかになった一塔三金堂（中金堂、東金堂、西金堂）という珍しい伽藍《がらん》配置は、当時の北東アジアにおいて稀有なものであり（類例として高句麗の清岩里廃寺があるが、塔の形なども異なり、まったく同じタイプとはいえない）、当時の中国とその周辺諸国にあっても極めてめずらしい大型寺院を造営しようという明確な意図があったことをうかがわせる。他方、舎利を納めた塔の心礎上から出土したのが武具や馬具など、古墳の副葬品と変わらないものであったことが注目を集めた。

現在はかつての中金堂の位置に営まれた安居院《あんごいん》（本尊は丈六釈迦如来坐像。いわゆる飛鳥大仏）を中心とした一帯のみとなっている。かつては三金堂が塔を囲み、金堂はそれぞれ塔に向かって扉を開いていた。乙巳の変のおり、蘇我氏が支援していた古人大兄皇子が出家したのは、『日本書紀』によれば「法興寺の仏殿と塔との間」であったと見え、それは飛鳥大仏を安置した中金堂の前、すなわち安居院の前庭であったに違いない。ここであれば、甘樫丘の北部から望見することができたのではないだろうか。

寺の敷地は東辺約二五〇メートル、西辺約二九〇メートル、南辺約一七〇メートル、北辺約二一〇メートル、そして東南辺が約九〇メートルの不正形の五角形であり、寺院の中枢部は敷地全体のなかでは西南のコーナーという偏った場所に営まれていた。寺の西には中央に槻樹の聳《そび》える広場（飛鳥寺西方遺跡）がもうけられており、ここで辺境からの使者を饗応するなど国家的な行事も行なわれているので、この寺がたんなる蘇我氏の氏寺でなかったことはこの点からも明らかである。

飛鳥寺中金堂礎石

安居院

飛鳥寺西方遺跡

飛鳥寺跡の西側にある遺跡であり、東西約二〇〇メートル、南北約二〇〇メートルの範囲におよんでいる。当時は槻樹（ケヤキ）の聳え立つ広場であり、蝦夷《えみし》や隼人《はやと》など辺境からの使者をもてなす国家的な饗宴なども行なわれた場であった。中臣鎌足が蹴鞠《けまり》に興じて履《くつ》を失った中大兄皇子と出遭った場所としても有名。壬申の乱の時には大友皇子側の軍営が設置されていた。

これまでに遺跡からは石敷き、砂利敷き、石組み溝、石列、掘立柱塀、木樋、土管暗渠、大型土坑、素掘り溝などが検出されている。槻樹はなお確認されていないが、七世紀の砂利敷きと建物跡が二棟見つかった。建物二棟は東西に軒をそろえて並び、南北二間、東西七間の長舎建物であった。柱穴は不整形で大きさも不揃いであるため、これらは柱抜き取り穴と見られる。柱の構造や規模からすれば、この建物はあくまで仮設のものだった可能性が高いとされる。

入鹿首塚（付、気都和既《けつわき》神社）

飛鳥寺の西門にある中世の五輪塔（供養塔）。西方を望めば、甘樫丘が迫る。俗に入鹿首塚と呼ばれ、あまりに有名であるが、入鹿や蘇我氏との関係は不詳である。明治時代までは同所に同じ塔が二基並んでいたと伝えられる。あるいは蝦夷・入鹿、父子そろっての供養塔として建立されたものであろうか。

入鹿首塚

『日本書紀』によれば、入鹿は中大兄皇子により頭と肩を斬られ、他の刺客がその片脚を斬りはらったとあり、その首が刎《は》ねられたとの記述は見えない。だが、多武峰妙楽寺の学僧永済が暦仁二年（一二三九）にまとめた『多武峯縁起』において入鹿が斬首され、殿中の御簾《みす》に噛《か》みついたなどと記されたことから、このような供養塔が造られることになったようである。

気都和既神社

明日香村から多武峰に向かう途中、上《かむら》の集落に気都和既神社がある。道路から少し下がった位置にある森のなかにその神社はひっそりとたたずんでいる。祭神は気津《けつ》別《わけの》命《みこと》・天津児屋《あまつこや》根命《ねのみこと》の二柱。摂社に杵築《きづき》神社を祭る。伝えによれば、斬られた入鹿の首は「どうして私を殺したのか」を問うために中大兄と中臣鎌足らを追いかけ、この森のあたりで彼らを見失ってしまったのだという。中大兄らはこの森のなかに身を潜め、「（入鹿もここまでは）もう来ぬであろう」と言ったので、「もうこ（茂古）の森」と呼ばれるようになったとされる。その後、入鹿の首は伊勢国の境まで行ったそうだが、そろそろ日も暮れたので甘樫丘の自邸に帰ろうとして直前で失速、首塚の地に落下したのだと伝えられる。

五条野丸山古墳

丈六交差点から下つ道を南下しよう。道はゆるやかな上り坂であるが、しばらく行けば左手に丘陵の一部が道にはみ出すように突き出ているさまが見える。これがこの古墳の巨大な前方部の西端であり、後円部は東南に向けその威容を誇るように聳え立つ。あたかも不沈空母のごとき、この地域最後で最大の前方後円墳である。

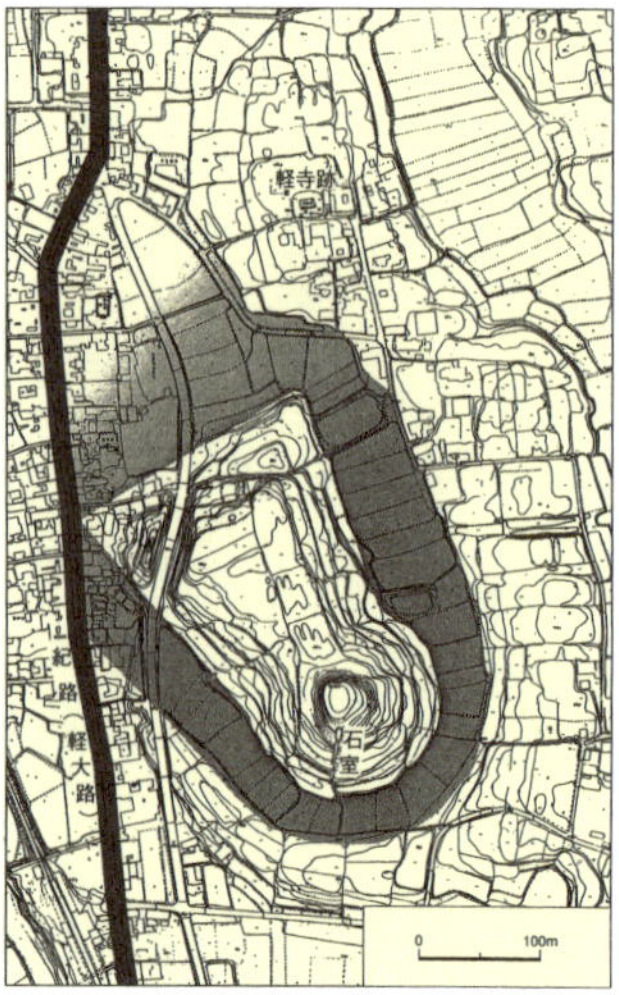

五条野丸山古墳の墳丘と紀路
（辰巳和弘『聖樹と古代大和の王宮』中央公論新社、原図は小澤毅「三道の設定と五条野丸山古墳」『文化財と歴史学』吉川弘文館）

墳丘長は三三一メートル、周濠をふくめれば全長四六〇メートルであり、前方部三段、後円部四段から成る。石室は全長二八・四メートル、玄室長八・三メートル、羨道長二〇・一メートルを計測する。石室の床面は後円部の一段目にあると見られるが、後円部があまりに長大であるため石室奥壁は後円部の中心部に達していない。石室内には六世紀の第3四半期と七世紀の第1四半期の刳抜《くりぬき》式家型石棺が納められていたことが判明している。新しい石棺が石室奥に、旧い石棺がその手前に置かれていたことも注目を集めたところである。

推古天皇の手で欽明天皇陵にはその妻であり推古の母である蘇我堅塩媛が合葬されているので、この古墳を欽明陵とすれば、旧い石棺に欽明が、新しい石棺には堅塩媛が葬られていたことになる。だが、先に崩じた欽明の棺を手前に押しのけ、その妻の一人にすぎない堅塩媛の棺を奥に安置するとは解せない。他方、丸山古墳が欽明ではなく、古墳の築造年代や立地などからいって蘇我稲目の墓だったと見なせば、父とはいえ臣下にすぎない稲目の石棺が手前に、娘ではあるが欽明の妻で推古の母でもある堅塩媛の棺が正面奥に置かれたことはありえない話ではない。

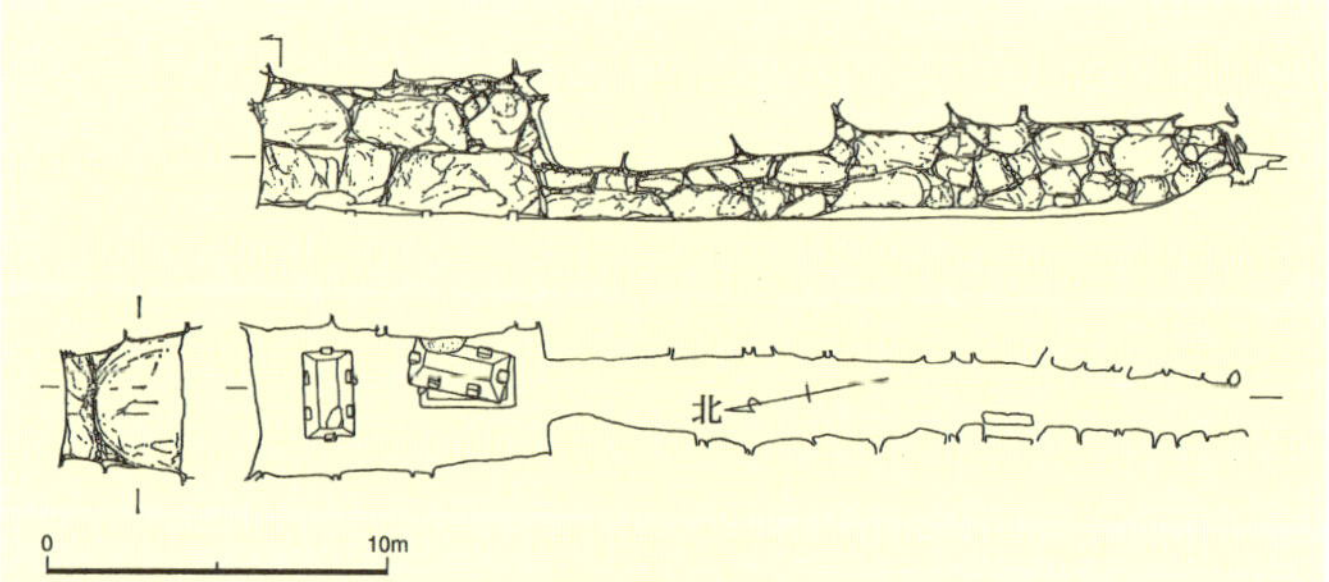

五条野丸山古墳の横穴式石室
（辰巳和弘『聖樹と古代大和の王宮』中央公論新社、原図は『書陵部紀要』45号）

この古墳はかつて天武天皇・持統天皇合葬陵とされていたが、明日香村の野口王墓古墳が天武・持統陵と確定された後、現在は後円部のみが陵墓参考地に指定されている。

都塚古墳

石舞台古墳を右手に見ながら進み、やがて冬野川に架かる橋を渡ってしばらく行けば、左手の道を入ったところに墳丘が見えてくる。元旦に金鳥が鳴くとの地元の伝説から金鳥塚古墳とも呼ばれる一辺が四一〜四二メートルの方墳である。

墳丘は階段状を成し、側面に石積みが見られる。川原石を二、三段積み上げ、一メートル程の幅のテラスが設けられており、これが六段以上設けられていた。高句麗に類例のある特徴のある墳形であるため、高句麗と関係の深い人物の墓ではないかといわれている。稲目の墓との説があるのは、稲目の父の名が高麗《こま》であり、稲目自身

都塚古墳

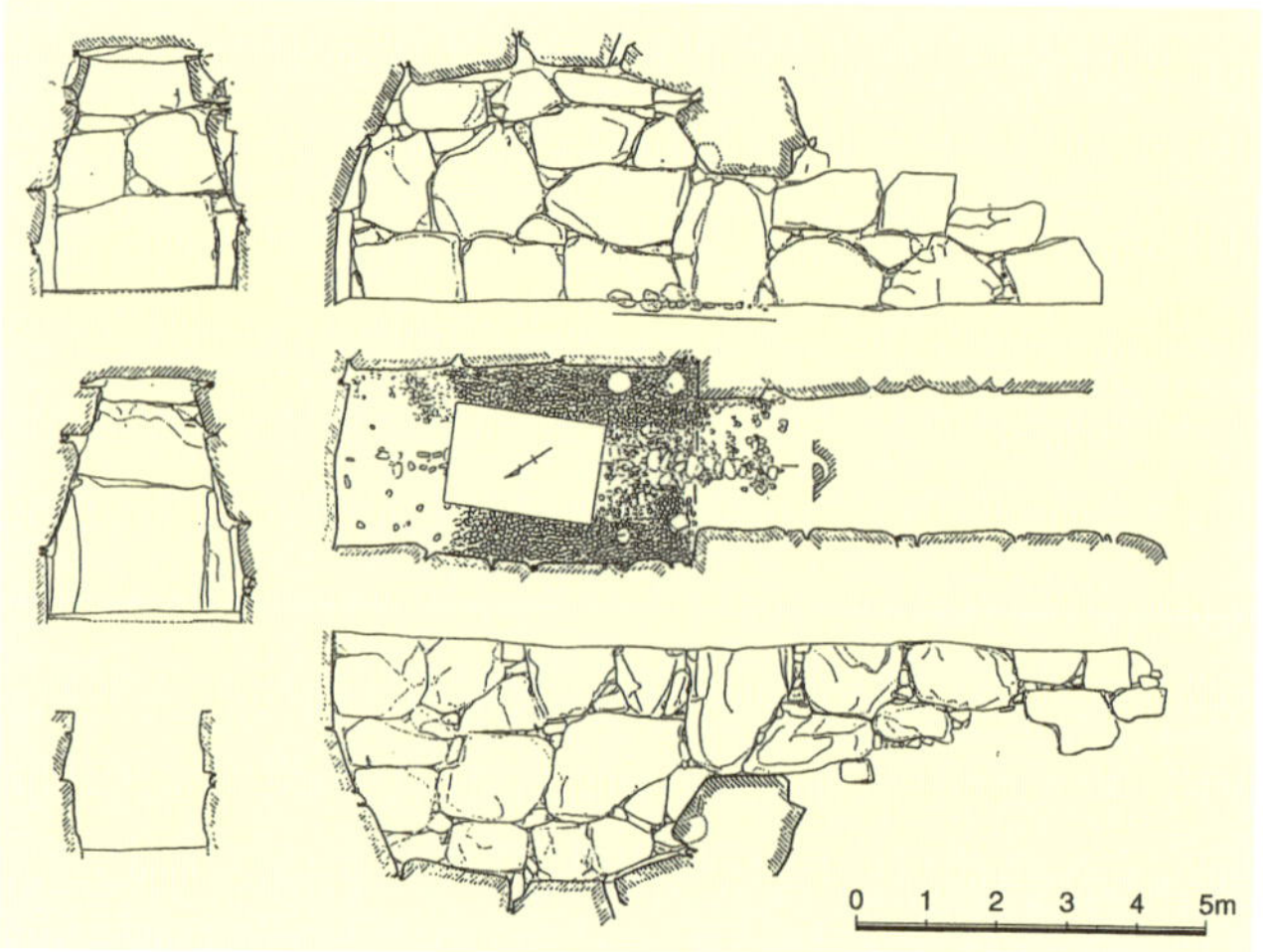

都塚古墳石室実測図（『続明日香村史』上巻）

が高句麗から連れて来られた美女媛《おみなひめ》という女性を娶《めと》ったと伝えられていることなどによる。

石室は両袖式の横穴式石室であり、その規模は石室長一二・二メートル、玄室長五・三メートル、幅二・八メートル、高さ三・五五メートル、羨道長六・九メートル、幅一・九〜二メートル、高さ二メートルであり、二上山産の流紋岩質溶結凝灰岩で造られた家形石棺が安置されている。

六世紀後半の築造と考えられ、その点でも五七〇年に亡くなった稲目の墓との説が有力。だが、稲目の墓は五条野丸山古墳とする説もあり、都塚古墳は馬子の墓ではないかとする見方もある。

石舞台古墳

その墳丘は除去され、巨大な天井石が露呈しており、ここで狐が踊ったとの伝承があることからこの通称が生まれた。いうまでもなく馬子の墳墓としてあまりに有名な古墳石室である。だが、確実に馬子の墓と特定できるかといえば、そうではなく、なお多くの謎をのこす古墳である。

古墳外周には方形の濠（最大幅八・四メートル）と堤

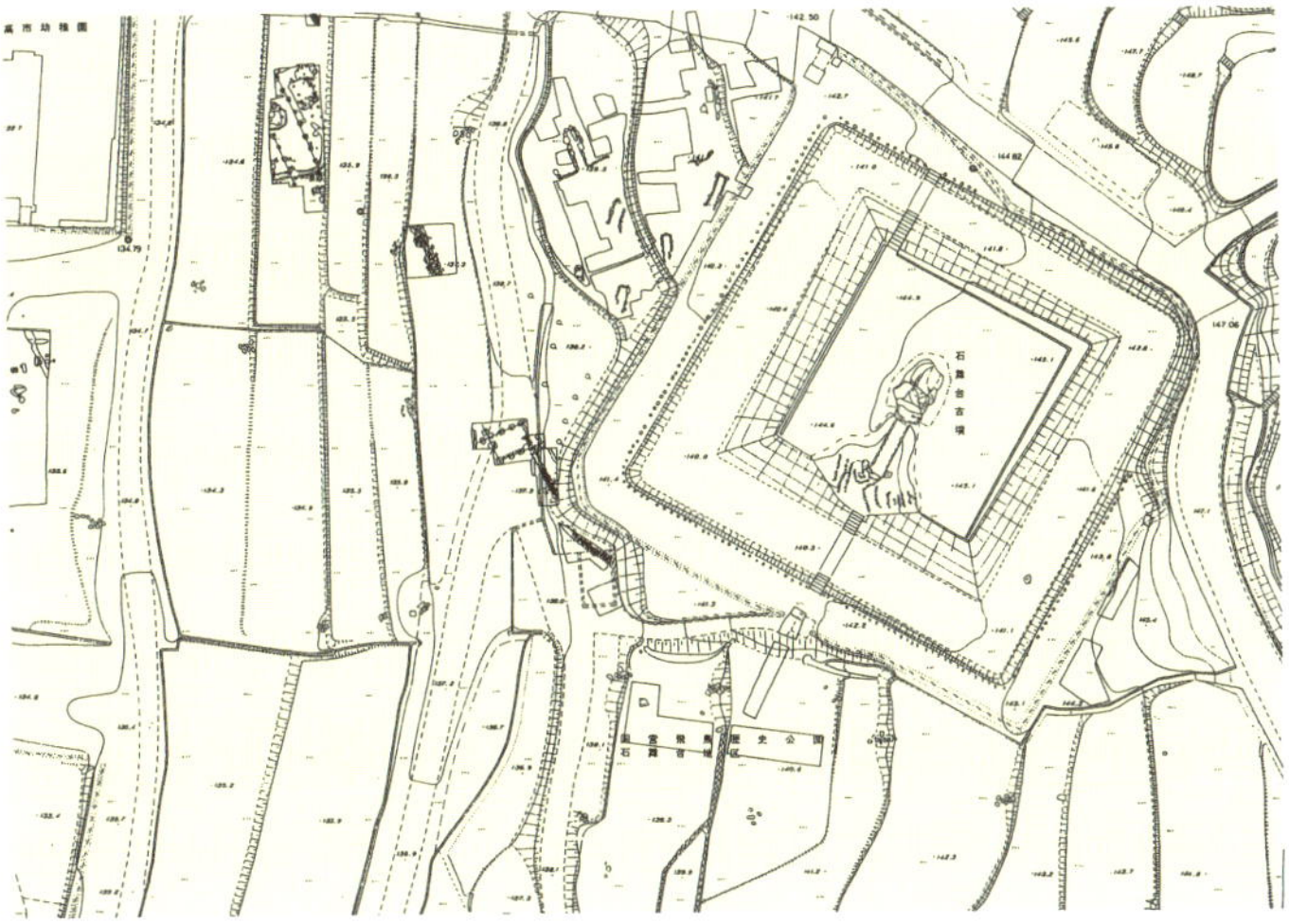

石舞台古墳の外形（『続明日香村史』上巻）

（最大幅七メートル）がめぐらされているので、一辺が五〇メートル程の方墳であったと見られている。石室全長一九・四メートル、玄室長七・七メートル、幅三・五メートル、高四・七メートル、羨道長一一・七メートル、幅二・六メートル、高二・四メートルを測る。築造年代に関しては、この古墳を造るさいに破壊された中小古墳の年代などから七世紀前半とされているが、異論もある。

この古墳が馬子の墓であるとされる最大の根拠は、推定される築造年代もさることながら、古墳の西側に隣接する一帯がいわゆる島庄遺跡であり、これが馬子邸の跡と考えられたためである。たしかに馬子邸に隣接する敷地に蘇我氏と無縁の人物の墓が営まれるとは考えにくい。馬子の墓は『日本書紀』によれば「桃原の墓」と呼ば

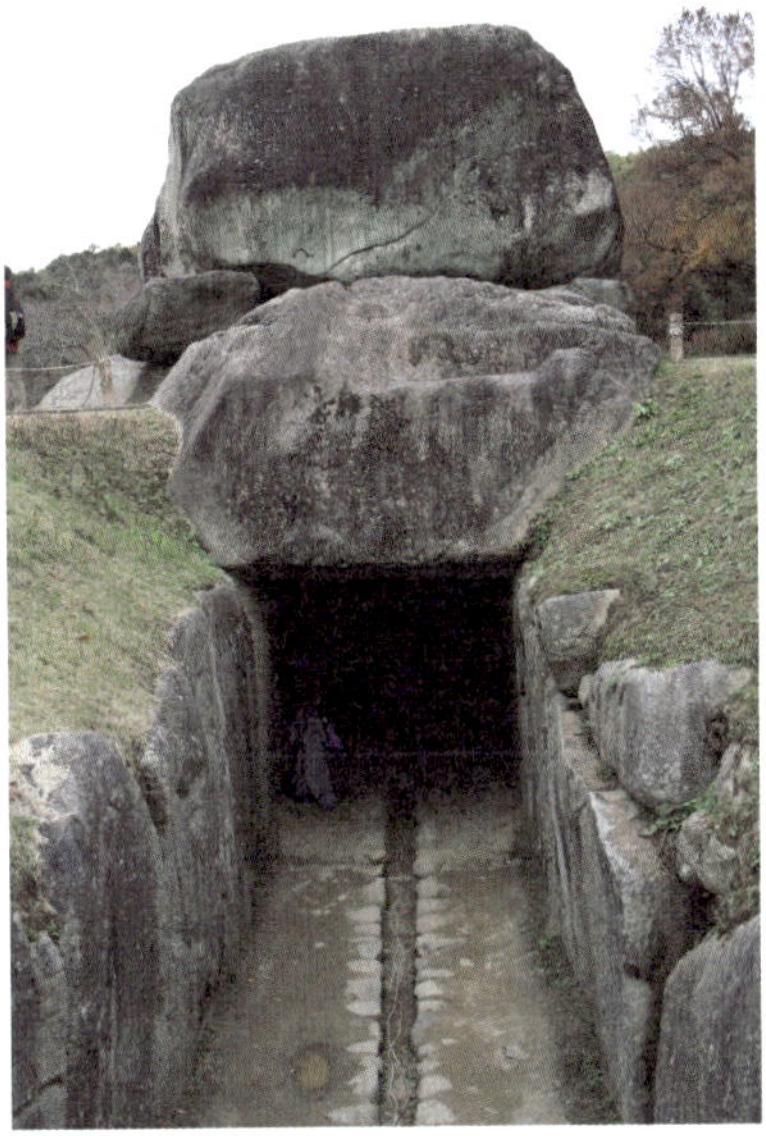

石舞台古墳羨道

れ、桃原という場所にあったとされる。桃原は上桃原・下桃原に分かれており、飛鳥寺が建立された真神原《まかみはら》と並び称されている（『日本書紀』雄略七年是歳条）ので、おそらくその周辺にあったようである。したがって、飛鳥寺の東南に位置するこの古墳付近が桃原と呼ばれていた可能性はたしかにある。

　他方、桃原は馬子の通称「嶋大臣《おおまえつきみ》」の嶋と同様、道教の神仙思想に由来するものであったかも知れない。「嶋」は中国から見て東海の彼方に浮かぶという神仙世界を意味し、馬子は邸内の庭のなかの池にこれを造ったというわけだが、桃原も「桃源郷」というユートピアを連想させるもので神仙世界に関わる地名だったのではないだろうか。

　なお、『日本書紀』舒明即位前紀によれば、馬子の墓を造営するために蘇我氏が一族をあげて結集し、墓所の周囲に設けられた廬《いおり》に宿泊して奉仕にあたった様子が見える。この古墳を見下ろす東側の丘から大型の柱穴や砂利敷きが見つかっており、これが蘇我氏の人びとが宿営した廬に関わる遺構であるならば、この古墳が馬子の墓であることはより確実なものとなるだろう。

宮ヶ原一号墳・二号墳

川原寺と橘寺に挟まれた道を西へと向かう。これをまっすぐ行けば近鉄岡寺駅に至るのだが、そこまで行かず、明日香村から橿原市へと行政区分が変わってすぐの右手、道路を見下ろして並ぶ住宅地の一画に方墳が二基、東西に並んで存在した。東が一号墳、西が二号墳と呼ばれ、一号墳のほうがやや大きい。いずれも切石積みの横穴式石室をもち、七世紀中頃の築造と推定されているが、かつてそこにあったのであり、残念なことに現存しない。

　蝦夷・入鹿父子は生前に「今来《いまき》の双墓《ならびのはか》」、すなわち蝦夷の「大陵《おおみささぎ》」、入鹿の「小陵《こみささぎ》」を造営したとされており、この消滅した二基の古墳がそれではないかといわれている。今来の地は後の高市郡にほぼ相当すると考えられ、この一帯が今来と呼ばれていたと見なしてもよい。この古墳は蘇我氏や蘇我系の天皇・皇族が当時好んで採用した方墳であり、この地に二基並んで造られていることから、これが「今来の双墓」であった可能性は決して小さくない。ただ、この古墳の北東、すぐ近くには近年発見の小山田遺跡、菖蒲池《しょうぶいけ》古墳が東西に並んでおり、こちらも「大陵」「小陵」の有力候補である。

宮ヶ原１号墳・２号墳跡

小山田遺跡

明日香村の特別支援学校の敷地内から見つかった大型方墳の周濠の一部である。蝦夷が奉仕した舒明天皇の最初の陵、あるいは蝦夷自身の墳墓（「今来の双墓」の「大陵」）ではないかといわれている。

見つかったのは、東西四八メートルにわたって伸びる断面逆台形の堀割とその化粧石組みである。溝は底幅

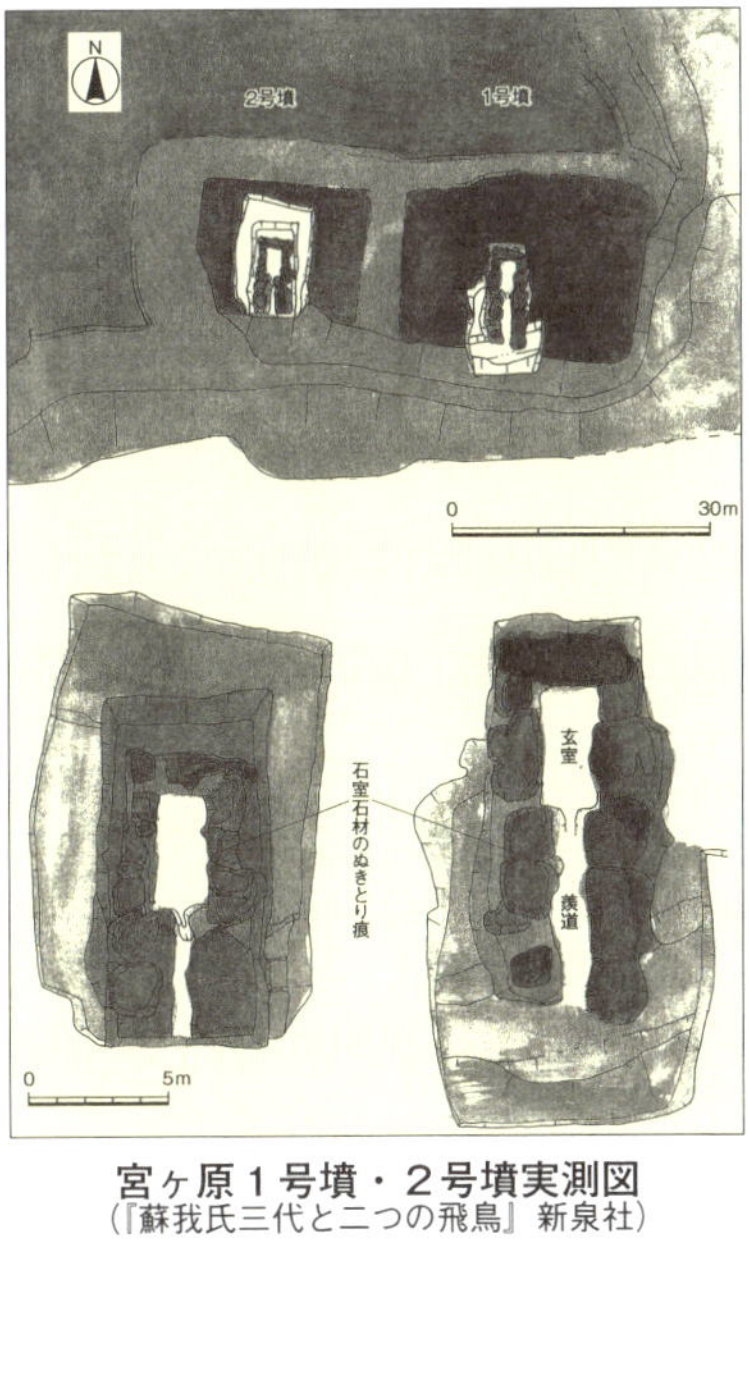

宮ヶ原１号墳・２号墳実測図
（『蘇我氏三代と二つの飛鳥』新泉社）

三・九メートルで上幅は七メートル程と推測されている。堀割の南側では室生《むろう》安山岩板石（いわゆる榛原石《はいばら》）が使われていることが注目される。一辺およそ五〇メートルの方墳と見られ、七世紀後半には堀割が埋め立てられていることから七世紀半ばの築造と考えられている。だが、他方でこの堀割がそもそも古墳の一部なのかどうかを疑う意見も出されている。

舒明は崩御した翌年の十二月、ひとまず滑谷岡《なめはざまのおか》に葬られ、その翌年九月に押坂陵（桜井市、忍阪段ノ塚古墳）に改葬されている。この遺跡で使われている室生安山岩板石が舒明陵の八角形の墳丘にも使用されていることから、この遺跡が舒明の初葬陵ではないかと考えられたわけである。だが、舒明が飛鳥岡本宮の焼失後、飛鳥の地を離れ、祖父にあたる敏達天皇ゆかりの百済川のほとりに百済大宮と百済大寺を造営したことから見れば、自身の葬地として飛鳥の地にさほど執着があったとは考えにくい。ただ、舒明やその周囲の人びとが百済川のほとりは政治的な拠点で、飛鳥はあくまで墓域というように割り切って考えていたとするならば、この遺跡を舒明の最初の葬地と見なす余地はあるだろう。

他方、この遺跡が蝦夷の墳墓であるとすれば、それは「今来の双墓」の一つなのだから、「小陵」とよばれた入鹿の墓が並んで存在しなければならない。この遺跡の西に道をはさんですぐの場所に菖蒲池古墳（二者合葬墓）があるのがそれではないかといわれている。

菖蒲池古墳

明日香村の西端、橿原市との境界手前に、明日香村の特別支援学校にいたるゆるやかな坂があり、それを登っていくと右手に学校が見え、左手の道を入ったところにこの古墳はある。墳丘はすでに削られ、往時の姿を偲ぶことはできないが、二段築成の方墳で一辺三〇メートルといわれている。しかし、二基の家型石棺を納めた石室は健在である。石室は両袖式横穴式石室、玄室の上半部が露出している。壁面は側壁四石二段、奥壁が一石二段から成る（半加工の花崗岩が使われる）。築造年代は七世紀中頃で六五〇年代ではないかと見られる。竜山石製刳《くり》抜《ぬき》式家形石棺が二基、石室内部にかなり狭苦しそうに南北に安置されている。

かつては蘇我倉山田石川麻呂とその子で父に殉じた興《こ》志《し》の墳墓とする説があったが、最近では、すぐ東にある小山田遺跡を蝦夷の「大陵」と見なし、この古墳が入鹿の「小陵」ではないかとする説が注目を集めている。消滅した宮ヶ原一号墳・二号墳は、この古墳から見て南方に位置する。

蝦夷・入鹿がこの付近に眠っていることは間違いないようだ。

平田梅山古墳（欽明天皇陵）

現在、宮内庁が欽明天皇の檜隈坂合《ひのくまのさかい》陵として管理している古墳で、その可能性は極めて高いと考えられる。東西に一直線に並ぶ野口王墓古墳、鬼の爼《まないた》・鬼の雪隠《せっちん》古墳、カナヅカ古墳の最も西側に位置するのがこの古墳であり、古墳終末期のこの地域における最大の前方後円

平田梅山古墳（欽明天皇陵）

墳である五条野丸山古墳に次ぐ規模を誇る。

墳丘長一四〇メートル、後円部の直径七二メートル、高さ一五メートルであり、背後の丘陵を成形して南側が開く形で墳丘が造り出されている。丁寧に仕上げられた貼石が墳丘表面を覆っており、そのため江戸時代の文書では石山と呼ばれているほどである。南側の造り出し部で見つかった須恵器の年代からいって六世紀末葉の築造と見られる。

ほぼ同時期に築造された巨大な五条野丸山古墳があるために、この古墳を欽明陵とするのに否定的な見解も聞かれるが、檜隈の坂合（境界）という名称はこの古墳の立地に合致するといえよう。また、『日本書紀』推古二十八年十月条によれば、馬子や蘇我氏の手で欽明陵とその周囲が拡張・整備されたさいに墳丘に砂礫が葺《ふ》かれたと見えるので、それはこの古墳の貼石の施工状況と整合する。さらに、この古墳の東に一線に並ぶ古墳の推定される被葬者（天武天皇・持統天皇、斉明天皇・建皇子ら）から推し量れば、七世紀段階において天皇家の始祖的存在として仰がれた欽明がこの古墳の主であることはほぼ間違いないと思われる。

近年ではこの古墳を敏達天皇の未完成陵とする可能性も指摘されている。完成した敏達陵は河内国磯長《しなが》（大阪府太子町）にあるが（生母石姫《いしひめ》との合葬）、敏達がそれまでどこに埋葬されていたのか、残念ながら『日本書紀』などにまったくデータがのこされておらず、敏達の未完成陵説はなお決め手を欠くといわざるをえない。

カナヅカ（平田岩屋）古墳

明日香村の田園風景のなかをのんびり西に向かって歩き、鬼の俎《まないた》・鬼の雪隠《せっちん》を過ぎ、しばらくすると右手前方に欽明天皇陵の威容が目に入ってくると、その手前にこんもりとした土盛りがあることに気づく。目を凝らすと土盛りの周囲にはロープが張られており、宮内庁が内部への立ち入りを禁じている。墳丘は往時の姿を失い、大きく削られてしまっているが、これはかつて一辺三五メートルを測る二段築成の大型方墳だったことが知られるカナヅカ古墳である。

カナヅカ（平田岩屋）古墳

墳丘前面には東西六〇メートル、南北二五メートル程のテラスが設けられていた。石室は南に開口する両袖式横穴式石室であり、石英閃緑岩が使用されていた。玄室は奥壁が下段二石、上段一石、側壁が下段二石、上段二石、天井石が二石であったという。石室全長一六メートル、玄室長五・五メートル、幅三・六メートル、高二・七メートル、羨道長一〇メートル、幅一・八メートル、高一・八メートルの規模である。

　この古墳の被葬者については、古墳が七世紀中葉の築造で欽明陵域内にあること、その位置が欽明陵と天武天皇・持統天皇陵とに挟まれ、これら古墳と東西同一線上に並ぶことなどから、欽明の子孫で、なおかつ天武・持統夫妻の先祖にあたる人物と考えられる。それは、欽明の孫娘で、天武の母方の祖母、持統には父方の曾祖母にあたる吉備姫王が最も有力な候補とされる。なお、同じ線上に位置する鬼の俎・鬼の雪隠古墳が斉明女帝とその孫の建《たける》皇子の合葬墓とすれば、やはりこの系統の墓ということになる（斉明は吉備姫王の娘）。吉備姫王の墳墓は、その娘にあたる皇極（後に斉明）に奉仕した蝦夷と蘇我氏の手で造営されたと考えられるので、蘇我氏が好んで採用した方墳であることもその有力な傍証と見なしてよい。

平田キタガワ遺跡

欽明天皇陵と考えられる平田梅山古墳の南、約一六〇メートルの位置にあり、平田川に面している。発掘で確認された範囲は極めて狭いが、敷石や石積みの護岸、石列などが発見されている。石積み護岸は東西に長さ一二メートルを確認しただけだが、地中レーダーでは遺跡の両側に約一五〇メートル続いていることが判明している。

石材は高取川や飛鳥川で産するものが使われ、敷石や石積み護岸は飛鳥の中枢部の宮殿の遺構などに見られるもので、飛鳥京跡の第Ⅲ期遺構に対応する時期（斉明天皇の時代）の迎賓・饗応施設の遺跡と考えられている。紀路から飛鳥の中心部に入るルート上にあることからいって、外来の使者を欽明陵が臨めるこの地でもてなしたのであろう。遺跡のすぐ近くにある吉備姫王墓の内側に安置された猿石は、かつて江戸時代にこの遺跡の北に隣接するイケダの地から掘り出されたと伝えられる。猿石が当地にあった迎賓・饗応施設の一画におかれていたことを推察させる。

推古二十年（六一二）二月、堅塩媛を欽明陵に改葬するさいに馬子や蘇我氏がそれを主宰しており、同二十八年（六二〇）十月に欽明陵の墳丘に砂礫が葺かれたさいにも、これを馬子らが主導したと考えられる。平田キタガワ遺跡は、このように蘇我氏によって造成・管理された欽明陵域の南に接する地に造営された饗応・迎賓施設であって、遺跡のすぐ北まで陵域が迫っていたことをうかがわせる。

植山古墳

馬子・蝦夷が奉仕した推古天皇と、彼女の最愛の子といわれる竹田皇子の合葬墓の有力候補とされる古墳。甘樫丘から伸びる丘陵の南に造られた長方形墳であり、五条野丸山古墳から見れば東方約四〇〇メートルの位置にある。墳丘は東西四〇メートル、南北三〇メートル、古墳の西、北、東には濠がめぐらされている。

東西に並ぶ二基の横穴式石室が確認されている。東石室は全長一三メートルで、六世紀後半に築造されたと見られ、阿蘇溶結凝灰岩で造られた家形石棺が置かれている。西石室はやはり全長一三メートルであるが、こちらは七世紀前半の築造と見られ、石棺は現存しない。

『日本書紀』は、推古が遺詔で竹田皇子との合葬を望んだことは伝えるが、その陵の所在については記載が見られない。他方『古事記』下つ巻には推古陵について「御陵は大野の岡の上に在り。後に科長《しなが》の大陵に遷しまつる」と見える。「大野の岡」はこの古墳がある一帯を指した可能性は高い。

山田寺跡

飛鳥資料館前の道を東へ、桜井市の中心街へと至る道（桜井明日香吉野線）をたどる。しばらくすると道は左手にゆるやかにカーブするが、その沿道の右手奥に入った地点に山田寺の敷地が見えてくる。ここは現在、明日香村ではなく桜井市域に入る。古代においても同所は厳密な意味では飛鳥には含まれなかった。飛鳥の北東端を限る場所だったといえよう。

発掘によって北に金堂、南に塔が配置され、それらを回廊が囲み、回廊の北側には講堂や僧房などがあったことが確認された。東回廊が平安時代（十一世紀前半）に山崩れによって倒れたままの姿で発掘され最古の建築資料として話題を集めたことはよく知られている。

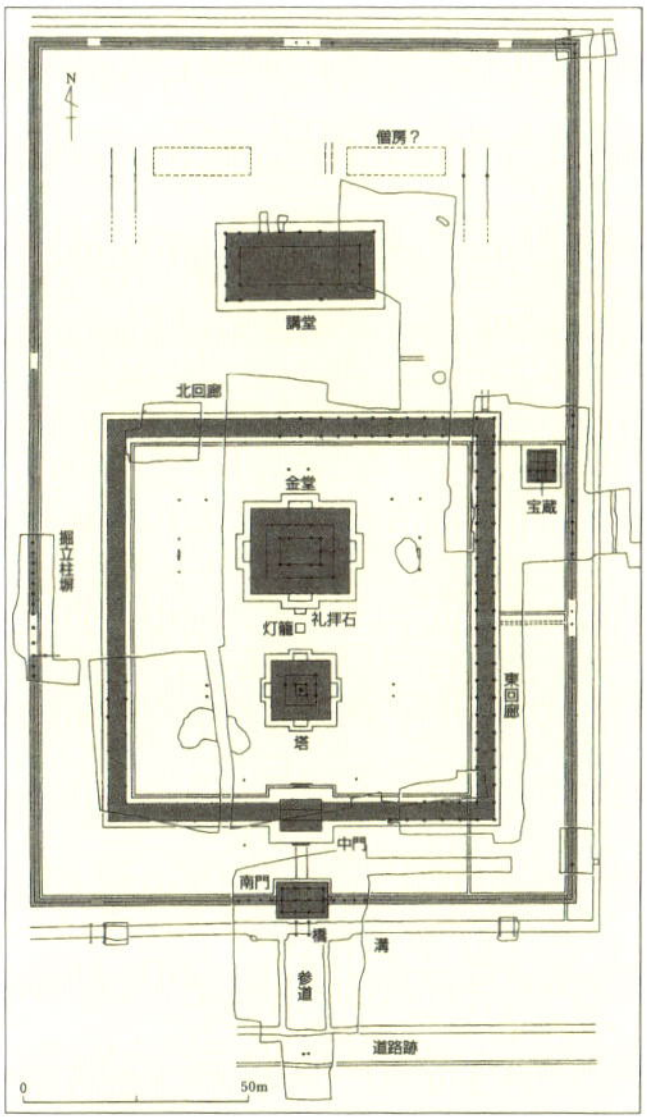

山田寺の発掘調査と伽藍復元図
（黒崎直『飛鳥の宮と寺』山川出版社）

蘇我氏の有力な分家であった蘇我倉氏は、舒明朝の成立前夜に滅んだ同族の境部氏に代わり大いに勢力を伸ばすことになる。蘇我倉氏を率いた麻呂は、舒明の治世末年には蘇我氏の本家に迫るほどの威勢を築き上げていたようで、山田寺はまさにそれを象徴する建造物だったといえよう。ちなみに、山田の地名は麻呂の河内国における本拠、石川地方の山田の地名を移したものと見られる。その麻呂も孝徳天皇と対立を深め、讒言《ざんげん》にあって失脚したために寺院の造営は一時頓挫することになる。この寺が完成を迎えるのは七世紀末葉に近い天武天皇の時代のことであり、それには麻呂の外孫にあたる持統天皇とその夫天武による経済援助がなければ困難であったに違いない。

軽寺跡

五条野丸山古墳を見終えたら、古墳の前方部を破壊して走る国道を北に向かって歩こう。しばらく行って右手の道を斜めに入ると、そこに軽寺の跡がある。現在は法輪寺という寺が建っている。この一帯は畝傍山の東南麓にあたり、稲目・馬子時代の蘇我氏の勢力圏内である。伝承ではあるが、懿徳《いとく》天皇の軽曲峡《まがりお》宮（軽之境岡宮）、孝元天皇の軽境原《さかいはら》宮、応神天皇の軽島之明宮《あきらのみや》（軽島豊《とよ》明《あかり》宮）がここに営まれたとされている。主要道路がクロスする軽街《ちまた》（術、衢）を中心とした一帯である。

この寺は軽の地を基盤とした豪族の氏寺であったと見られる。造営主としては軽氏、軽部氏などが考えられるが、その軽氏の奉仕を受けて育てられ、やがて蝦夷・入鹿を滅ぼすことになる軽皇子（孝徳天皇）ゆかりの寺院と見なすこともできよう。七世紀の終わり頃、天武天皇の末年には坂田寺や大窪《おおくぼ》寺とともに年限つきで封戸《ふこ》をあたえられている。

応神天皇の時代に百済から遣わされ、良馬二頭を献じた阿直伎《あちき》は軽の地のうちにある厩坂《うまやさか》で馬を養ったが、彼は儒教の経典に通暁した学者であったという。阿直伎の推薦により王仁《わに》博士が渡来することになるのだが、阿直伎にゆかりの深い軽の地を基盤としたと見られる孝徳天皇が「儒《はかせ》を好みたまふ」（儒教に精通していた）と評されているのは、たんなる偶然ではあるまい。

現在の法輪寺の本堂下の土壇が金堂跡と考えられている。塔はその西、あるいは本堂南にあったのではないかとされる。発掘によって寺域の北限となる掘立柱塀が発見されたことから、南北一〇〇メートル、東西七五メートルの寺地が復元されている。軒丸瓦は数十種が出土しているが、そのうち蓮弁の先端が強く反転する特徴を示すものがあり、軽寺式の名で呼ばれている。

檜隈寺跡（付、於美阿志神社）

蘇我氏の国家的事業を支えた渡来系氏族、倭漢氏《やまとのあや》の経済力と技術力を物語る寺院跡である。近鉄吉野線飛鳥駅を出て東に向かう。国道一六九号線の横断歩道を渡ってしばらく歩くと、右手に南へと伸びる道が視界に入ってくる。その道を行けば、右手に見えてくる丘の上にあるのが於美阿志《おみあし》神社である。そこに檜隈寺《ひのくまでら》の遺構も眠っている。現在はその一帯が国営飛鳥歴史公園キトラ古墳周辺地区として整備されている。

於美阿志神社の於美阿志とは変わった名前であるが、それは神社の祭神であり、応神天皇の時代に十七県の人民を率いて百済から渡来したという倭漢氏の祖、阿知使主（あちの・おみ）を逆転させたものであるとの説が有力。倭漢氏は檜隈忌寸《いみき》とも称されたので、檜隈と呼ばれ

檜隈寺跡十三重石塔

た現在の明日香村桧前一帯がその基盤であったことは間違いない（金堂の北西で渡来系技術に由来する石組のＬ字形カマドのある竪穴建物跡が見つかっている）。この巨大な氏族は、朝鮮南部から渡来した数多くの血縁集団が阿知使主・都加使主《つかのおみ》を始祖として結合したもので、その中心となる勢力が檜隈を拠点としたようである。

発掘調査によれば、七世紀段階の檜隈寺は金堂と講堂が回廊で結ばれ、回廊内部の中央東側に塔が聳え立ち、西側の回廊の中央に門が開くという独特の伽藍配置であったことが明らかになった。金堂は五間×四間の四面庇建物で花崗岩の礎石、講堂は七間×四間の四面庇建物で瓦積みの基壇をもつ。塔跡は一辺三間であり、社殿の南に建つ平安時代の十三重石塔の下で確認されている。

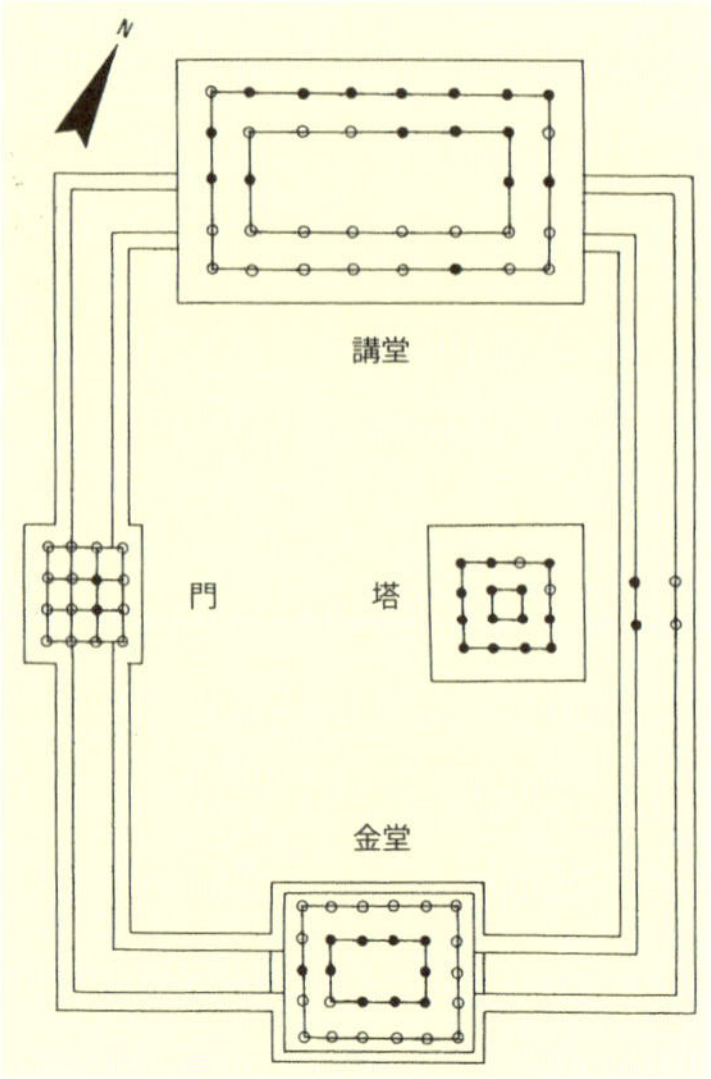

檜隈寺伽藍想定図
（『飛鳥の考古学2013』飛鳥資料館）

坂田寺跡

都塚古墳を過ぎて県道を南に歩く。しばらく行くと左手の丘に登っていく道がある。その分岐点の一帯がこの寺の寺域であった。伽藍は現在の県道によって分断されている。

渡来人の司馬達等《しばたっと》に始まり、用明天皇に奉仕した鞍《くら》作多須奈《つくりのたすな》、わが国最初の出家者となった嶋女《しまめ》（善信尼）、そして鞍作鳥《とり》（止利仏師）へと受け継がれ、主として蘇我氏による寺院造営をサポートした鞍作氏が営んだ氏寺（尼寺）である。寺名の坂田は近江国坂田郡に由来し、鞍作氏が代々の奉仕を賞されて当地に所領を賜わったことによる命名と伝えられている。別名を金剛寺《こんごうじ》といった。この場所に鞍作氏の氏寺が造られたのは、ここに同氏の居住地、本拠地があったためであろう。馬子邸である島庄遺跡とは至近の距離にある。奈良時代には信勝尼が出て、この寺の発展に大いに寄与した。

発掘によって寺域の北辺で井戸・池・石垣が、中央部では仏堂と回廊、西面回廊の外側で大型の掘立柱建物跡が確認されている。池の周辺からは創建当初と見られる

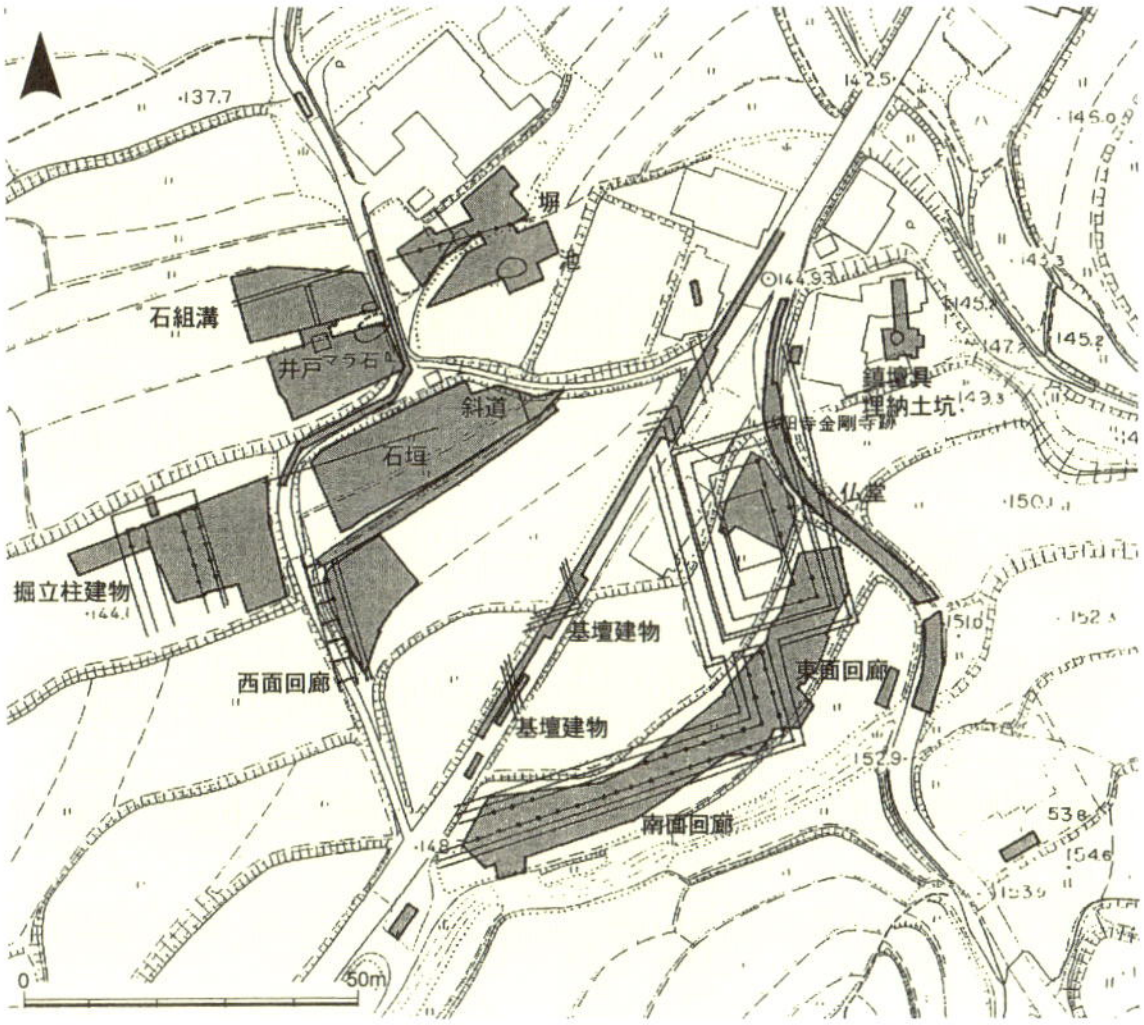

坂田寺調査位置図
（『続明日香村史』上巻）

忍冬唐草文《にんどうからくさもん》軒平瓦などが出土した。ただ、これら遺構の多くは創建時までさかのぼるものではなく、奈良時代に造営されたものと見られる。なお、南回廊は山田寺跡の東回廊と同じく倒壊した状態で検出されており、連子窓《れんじまど》などの建築材のみならず屋根を覆った檜皮《ひわだ》も出土している。

田中廃寺

橿原市田中町は甘樫丘から見て北西の方角、飛鳥川の西岸に位置するが、そこにある法満寺の西に「弁天の森」と呼ばれる土壇があり、古くから宮殿の跡ではないかといわれてきた。その土壇の北西を発掘してみたところ、回廊上の柱列跡、総柱の南北棟建物、四面庇付東西棟建物などが発見された。さらに単弁蓮華文《れんげもん》軒丸瓦（田中廃寺式と呼ばれる）が出土したことから、寺院中枢部の跡であることが明らかになった。

遺跡の所在地名から田中廃寺とよばれているが、蘇我

氏の分家の一つ、田中氏（稲目より分立）が建立した氏寺か、あるいは舒明天皇が飛鳥岡本宮の焼失後に一時住んだ田中宮を後に寺院に改造したものではないかといわれる。その実像ははっきりしないが、八世紀までは存続したようで、七世紀末、藤原京の形成にともない寺域が縮小されたことが確認されている。

和田廃寺

豊浦寺跡の北の道を西に向かい、橿原神宮前駅をめざすと和田町を通過するが、町内の北に「廃大野丘塔」と呼ばれた土壇がある。その周辺を発掘した結果、土壇は七世紀の塔跡であることが判明、掘立柱建物、塀、溝などの遺構も見つかり、さらに同時期の瓦や鴟尾なども出土したので、七世紀に創建された寺院跡であることが確実になった。

問題はこれが何という寺だったかであるが、すぐ東隣は豊浦の集落であり、そこには蝦夷邸があったことから、蘇我氏の一族、関係者によって発願された寺である可能性は高い。蘇我氏との関わりの深い葛城《かづらき》氏の氏寺、葛木寺が豊浦に近い場所にあったと伝えられるので、正式な寺名は不明であるが、馬子の母の実家、葛城氏の建立になる寺がこの地に造営されたのであろう。

宗我坐宗我都比古神社《そがにいますそがつひこ》

曽我川のほとり、蘇我氏の拠点に建つ古社であり、社名が示すとおり「宗我の地に鎮座まします宗我都比古」を祭神とする。橿原市曽我町、近鉄真菅駅から南へ数分歩いた町中に所在する。今はささやかな社殿であるが、ソガツヒコとソガツヒメという男女一対の土着神を祭っている。曽我の地名は当時神聖な植物とされていたスゲ・スガ（菅）に由来し、この地を流れる曽我川のほとりには菅が繁茂していたのではないかといわれている。

蘇我氏とはこの神社一帯を拠点にして、始祖（蘇我石河宿禰と伝えられる）以来変わることなく王権に奉仕す

宗我坐宗我都比古神社

る一族という意識で結ばれた集団なのである。当然そこには一族の結束の要になるような施設があったであろう（ただ、蘇我石河宿禰の石河は蘇我氏の一分家の拠点となった河内国の石川の地を指し、曽我の地とは直接の関係はみとめられない）。

馬子後継の座をめぐり蝦夷と対立した境部《さかいべの》摩理勢《まりせ》が立てこもろうとした「蘇我の田家」がそのような施設にあたり、それはこの神社付近に存在したのではなかろうか。「田家」は「ナリドコロ」と読まれ、表記からは農業経営の拠点となるような施設を思わせる。だが、蘇我氏族長の座をねらう摩理勢がそこを占拠しようとしたことを見れば、蘇我氏の族長位継承にとって重要な意味をもつ、同氏の祖先祭祀に関わる何らかの施設であったと考えるべきであろう。

なお、この神社の別名は入鹿宮と伝えられる。後述する入鹿神社は隣接する小綱《しょうご》町にあるので、両社はともに蘇我氏ゆかりの神社として古くから関係があったのであろう。

入鹿神社（付、首落橋）

　近鉄の大和八木駅から西に向かって歩き一五分ほど、橿原市小綱町にある入鹿を祭る古社であるが、飛来した入鹿の首を葬った首塚であるという伝承もある。傍らに大日堂が建つ。戦前は逆賊入鹿を祭神とすることを当局から厳しく咎められたそうだが、地元有志が懸命に守りぬいて今日にいたっている。

　入鹿神社から見て西方、橿原市曽我町の東端に古来「首落橋」と呼ばれる場所があった。伊勢と大坂を結ぶ幹線道路の沿道にあたり、入鹿の首が落ちた橋のたもとにあった家は「おつて屋」「おつと屋」「おつた屋」といった屋号で呼ばれたという。「おつて」「おつと」「おつた」はいずれも「(首が)落ちた」に由来するとされる。中大兄皇子と中臣鎌足を見失った入鹿の首は、首落橋の近くに住んでいた母親に逢うためにやって来たとする説もある。この近隣の人びとは長く入鹿贔屓《ひいき》であり、鎌足を祭った多武峰の談山神社はできる限り避けたという。

首落橋遺称地

154

【参考文献】

加藤謙吉『蘇我氏と大和王権』吉川弘文館、一九八三年
門脇禎二『蘇我蝦夷・入鹿』吉川弘文館、一九七七年
木下正史編『飛鳥史跡事典』吉川弘文館、二〇一六年
桐村英一郎『大和の鎮魂歌―悲劇の主人公たち』青娥書房、二〇〇七年
倉本一宏『蘇我氏―古代豪族の興亡』中央公論新社、二〇一五年
黒崎直『飛鳥の宮と寺』山川出版社、二〇〇七年
酒井龍一・荒木浩司・相原嘉之・東野治之『飛鳥と斑鳩―道で結ばれた宮と寺』ナカニシヤ出版、二〇一三年
佐藤長門『蘇我大臣家』山川出版社、二〇一六年
辰巳和弘『聖樹と古代大和の王宮』中央公論新社、二〇〇九年
鶴見泰寿『古代国家形成の舞台　飛鳥宮』新泉社、二〇一五年
遠山美都男『蘇我氏四代―臣、罪を知らず』ミネルヴァ書房、二〇〇六年
同　『敗者の日本史　1　大化改新と蘇我氏』吉川弘文館、二〇一三年
西川寿勝・相原嘉之・西光慎治『蘇我三代と二つの飛鳥―近つ飛鳥と遠つ飛鳥』新泉社、二〇〇九年
箱崎和久『奇偉荘厳の白鳳寺院　山田寺』新泉社、二〇一二年
平林章仁『蘇我氏の実像と葛城氏』白水社、一九九六年
同　『蘇我氏の研究』雄山閣、二〇一六年
黛弘道編『古代を考える　蘇我氏と古代国家』吉川弘文館、一九九一年
水谷千秋『謎の豪族　蘇我氏』文芸春秋、二〇〇六年
吉村武彦『蘇我氏の古代』岩波書店、二〇一五年

蘇我氏略年表

和暦	西暦	主な事跡
宣化　元	五三六	稲目、大臣となる
欽明一三	五五二	百済聖王より仏像・経典を贈られる。欽明、稲目に下賜して礼拝させる（『日本書紀』）
欽明一六	五五五	稲目、吉備国に派遣され、白猪屯倉を設置
欽明三一	五七〇	稲目薨
敏達　元	五七二	敏達即位。馬子、大臣となる
敏達一四	五八五	敏達崩御。用明即位。穴穂部皇子、皇位継承を主張
用明　二	五八七	用明崩御。穴穂部を誅殺。皇子・群臣が物部守屋を滅ぼす（丁未の役）。崇峻即位
崇峻　五	五九二	馬子、崇峻を暗殺。推古即位
推古　九	六〇一	厩戸皇子、斑鳩宮の造営を開始
推古一四	六〇六	飛鳥寺完成
推古一五	六〇七	遣隋使を派遣
推古二〇	六一二	堅塩媛を欽明陵に改葬

推古二九	六二一	厩戸皇子薨
推古三二	六二四	馬子、葛城県の拝領を願うが、推古に拒否される
推古三四	六二六	馬子薨。桃原墓に葬る。蝦夷、大臣となる
推古三六	六二八	推古崩御。遺詔により舒明即位。馬子、一族の和を乱す境部摩理勢を討つ
舒明　二	六三〇	遣唐使を派遣
舒明一三	六四一	舒明崩御。次期天皇に皇極を指名
皇極　元	六四二	皇極即位。蝦夷、葛城の高宮に祖廟を営む。国中の民を動員して蝦夷・入鹿の墳墓を造営する
皇極　二	六四三	蝦夷、入鹿に大臣を「禅譲」。入鹿、配下を斑鳩宮に差し向け、山背大兄一族を滅ぼす
皇極　三	六四四	蝦夷・入鹿、甘樫丘に邸宅を築く
皇極　四	六四五	入鹿、板蓋宮で暗殺される。翌日蝦夷も討たれる（乙巳の変）。皇極譲位、孝徳即位。 蘇我倉山田石川麻呂、右大臣となる
大化　二	六四六	改新之詔が発布される
大化　五	六四九	蘇我倉山田石川麻呂、謀反の容疑を受け山田寺で自害

著者略歴

一九五七年　東京都に生まれる
一九八六年　学習院大学大学院人文科学研究科史学専攻博士後期課程中退
一九九七年　博士（史学、学習院大学）
現　　在　学習院大学・日本大学・立教大学、各非常勤講師

〔主要著書〕
『天皇と日本の起源―「飛鳥の大王」の謎を解く』（講談社、二〇〇三年）
『蘇我氏四代―臣、罪を知らず』（ミネルヴァ書房、二〇〇六年）
『古代の皇位継承―天武系皇統は実在したか』（吉川弘文館、二〇〇七年）
『大化改新と蘇我氏』（敗者の日本史1、吉川弘文館、二〇一三年）
『天平の三皇女―聖武の娘たちの栄光と悲劇』（河出書房新社、二〇一六年）

人をあるく
蘇我氏と飛鳥

二〇一七年（平成二十九）三月一日　第一刷発行

著　者　遠《とお》山《やま》美《み》都《つ》男《お》
発行者　吉川道郎
発行所　株式会社　吉川弘文館
郵便番号一一三―〇〇三三
東京都文京区本郷七丁目二番八号
電話〇三―三八一三―九一五一〈代表〉
振替口座〇〇一〇〇―五―二四四
印刷　藤原印刷株式会社
製本　ナショナル製本協同組合
装幀　有限会社ハッシィ

ISBN978-4-642-06795-9